1986 年，张孝纯、张国生师生二人在全国中语会第四届年会上

1997 年，张国生老师在首届国际汉语文教育研讨会上发言

2005 年，在教育部"第五届全国多媒体课件大赛"中，张国生老师获得普教系统一等奖

2008 年，张国生老师登上《语文教学通讯》第 7-8 期的封面

张国生老师与好友、著名教育专家钱梦龙（左）

张国生老师在霍林郭勒市第三中学研学

张国生老师为学生上公开课

2014年，张国生老师被CCTV中学生频道聘为授课教师

大语文国学课堂

特级教师教你读 论语百句

张国生 注评

商务印书馆国际有限公司

中国·北京

图书在版编目（CIP）数据

特级教师教你读论语百句 / 张国生注评. -- 北京：
商务印书馆国际有限公司, 2025.6. -- (大语文国学课
堂). -- ISBN 978-7-5176-1160-8

Ⅰ. G634.303

中国国家版本馆CIP数据核字第2025LZ5572号

TEJI JIAOSHI JIAO NI DU LUNYU BAIJU

特级教师教你读论语百句

注 评 者	张国生	
出版发行	商务印书馆国际有限公司	
地　　址	北京市朝阳区吉庆里14号楼	
	佳汇国际中心A座12层	
邮　　编	100020	
电　　话	010-65592876（编校部）	
	010-65598498（市场营销部）	
网　　址	www.cpi1993.com	
印　　刷	北京中科印刷有限公司	
开　　本	710mm×1000mm　1/16	
字　　数	234千字	
印　　张	14.25	
版　　次	2025年6月第1版第1次印刷	
书　　号	ISBN 978-7-5176-1160-8	
定　　价	39.00元	

中华经典，乃时下大热。经典的传习，固然让人获益匪浅，却也很容易让学习者感觉枯燥乏味，甚至时常难免冬烘先生道德说教之嫌。而张国生老师的中华经典选注，取其精华，弃其糟粕，图文并茂，更以生动形象、活泼有趣的引导，寓教于乐，健康积极，真正达到了"润物细无声"的"无痕"教育境界，为青少年朋友们所喜闻乐见，乃至百读不厌。

然而，在这兴味盎然的中华经典自然熏陶的背后，却是国生老师超乎常人而又不为人知的巨大热情与辛苦付出。窃以为，其中华经典教育之所以能达到"无痕"的境界，是以他自身对于传统文化兴趣的"有痕"为坚实基础的。

何以有此一说？实乃事实为证——

国生老师曾"像一个极度饥饿的人寻找食物一样，凡能找到的书都读"，这大大丰富了他的知识面，使他成为一个名副其实的"杂家"。他曾为《将进酒》《琵琶行》《春江花月夜》《赤壁赋》等古典诗词名篇所陶醉，也曾为《红楼梦》以及俞平伯、周汝昌、李希凡等学者的红学研究所痴迷；

他曾认真研读《老子》《论语》《左传》《孟子》《庄子》《战国策》《史记》《后汉书》《三国志》等中华经典，也曾精心品鉴《典论》《文赋》《文心雕龙》等文学理论著作；他曾大量阅读古今著名文人李白、苏轼、王安石、陆游、鲁迅、胡适、林语堂、梁实秋、朱自清、陈寅恪等的传记，也曾为教学课文而深入探究其写作背景……

国生老师在阅读中不仅善于发现问题、提出疑问，还有一种探究到底的执着精神。比如，为搞清《论语》中"学而时习之，不亦说乎？有朋自远方来，不亦乐乎？人不知而不愠，不亦君子乎？"这三句话之间的关系，他认真查阅朱熹的《论语集注》、刘宝楠的《论语正义》、颜元的《四书正误》等典籍，还写成颇有创见的《孔子治学的三个境界》发表于《中学语文教学》；他曾对《曹刿论战》"败绩"一词的解释产生怀疑，于是全文搜索了《左传》《战国策》《国语》《楚辞》和《史记》，统计出"败绩"各出现了多少次，分别是什么意思，最后从《三体石经》中找到关键证据，写出很有分量的《"败绩"考释》；为讲清《弟子规》中"人有短，切莫揭；人有私，切莫说"一句的真正含义，他结合当今法律，从个体权利的角度来设计课堂内容：他不仅带着学生了解法律中涉及隐私权的条款，让他们懂得隐私权是人人应当享有的权利，还带领学生一起探求隐私权的历史。有了这些横向的了解，学生们惊异地得出结论：《弟子规》竟然在三百多年前的康熙年间就提出了尊重他人隐私的主张！

为让学生切身感受陆游的爱国情怀，国生老师特地编写了一出独幕话剧，剧中设计了重病在身的陆游晚上躺在床上，对儿子反复念叨的，是抗金杀敌、收复失地、平定中原的国家大事。

清代钱泳《履园丛话》一书说："'读万卷书，行万里路'，二者不可偏废，然二者亦不能兼。每见老书生矻矻纸堆中数十年，而一出书房门，便不知东西南北者比比皆是。然绍兴老幕，白发长随，走遍十八省，而问其山川之形势，道里之远近，风俗之厚薄，物产之生植，而茫然如梦者，亦比比皆是也。"国生老师深知"纸上得来终觉浅，绝知此事要躬行"，因此，"腹有诗书气自华"的他，为了大语文教学事业，很多年前就开始仿效司马迁"行万里路"。与课文有关的名胜古迹，文坛名人的故里与旅居之地，他都不远千里，专程造访考察，足迹几乎踏遍中华大地。

为制作课文《边城》的课件，国生老师利用暑假，专程跑到湖南凤凰沈从文故居，瞻仰他的遗物、遗稿，拜谒他的墓地；漫步沱江两岸，住进江边的吊脚楼，亲身感受"边城"的风光、风俗和民情，才真正理解了其中描绘的真实淳朴的风情，理解了作者"用悲悯的洞箫吹奏幽美的牧歌"的文学价值和社会价值。

为讲清《隆中对》和《出师表》的写作背景，他从巴峡穿巫峡，下襄阳向南阳，还专程拜访了刘备向诸葛亮托孤的白帝城（今重庆奉节）。

为考察柳宗元一生经历，他专程到山西永济、湖南永州和广西柳州，寻访诗人留下的文化印记。

岳阳楼、黄鹤楼、滕王阁、浔阳楼，孔子、孟子的故里，陶渊明、韩愈、苏轼、李清照、陆游、辛弃疾的祠堂，李白、杜甫、白居易的游历之地，诸葛亮的草庐，周瑜的点将台，文天祥的土牢，蒲松龄的聊斋，鲁迅在绍兴、北京、广州、上海的寓所……这些地方国生老师都曾利用节假日专程游历。他6次游览苏州园林、西湖风光，5次拜访李清照、辛弃疾的祠堂，4次登泰山，3次到曲阜拜谒孔子，3次游览杜甫草堂和武侯祠。拍摄的照片，都成了他语文课上的绝佳素材。沉浸于教学不能自拔的他，还专门跑到北京、上海的博物馆拍摄璧、玦、豆、觥等古代器具，以便于让学生对相关课文内容有更直观的了解。单2007年暑假，他就用了35天时间，走访了9个省的15个城市。

国生老师为了让更多学生获益，兴致盎然地开发语文教学软件，不计成本地制作课件，钻研琢磨开设慕课和微课。多年来，他平均每天工作12小时以上，甚至曾连续工作20小时，基本上没有休息日和节假日。长期的教学付出，使得他患上了多种疾病，几年内数次住院，心脏先后安了5个支架，搭了3个桥，但他却谈笑风生、安之若素，还自取雅号"五架三桥斋主"以自嘲。

为了大语文教育事业，国生老师在教学课件上投入了毕生的时间和精力。他博览群书，走遍天下，这种"有痕"的倾情投入，才使得他的中华经典教学达到了别人无法企及的"润物细无声"的"无痕"境界。

国生老师的语文教学，好看、好听、好玩，在全程感官愉悦的同时，方法上新颖奇特，内容上富有独特创意，既联系学生生活，又直击社会现实。学生在他的课上，总能很快进入愤悱状态，产生强烈的探究欲望，在愉快体验中激发内心的共鸣。

国生老师的"大语文国学课堂"丛书，让中华经典的学习变得愉快丰富、有趣有效。富有吸引力的生动"导语"，不时穿插的历史趣闻和说文解字，精心设计的质疑探究内容，所配图片又多为作者多年来"读万卷书，行万里路，拍万张片"的考察拍摄成果，因此不失为对经典的最好解读。

总而言之，正是张国生老师在"读书""行路"上的"有痕"，方能孕育出中华经典熏陶的"无痕"。

"有痕"，是一种自觉积累；"无痕"，是一种自如输出。

自身的"有痕"积累，最终修得教学的"无痕"熏陶。

"有痕"在前，"无痕"在后。

"有痕"是"因"，"无痕"是"果"。

从"有痕"到"无痕"，是所有致力于"育人"大业的优秀教师所追求的至高境界。

钱梦龙

编者按

钱梦龙：著名语文特级教师，全国教育系统劳动模范。"三主四式"导读法的创造者。历任嘉定第二中学语文教师、嘉定实验中学校长、上海市民办桃李园实验学校校长，兼任语文教育艺术研究会会长。也曾兼任教育部中小学教材审定委员会学科审查委员、人民教育出版社中学语文教材特约编审。生前长期从事语文教学，成绩显著。

中华优秀传统文化

就是母亲的乳汁把

中华民族养大今天

她继续滋养亿万中

国人民屹立于世界

民族之林热爱中华

优秀传统文化就是

热爱我们伟大的祖国

敬赠张国生老师大语文

国学系列著作　程翔书

二〇一八·八·二十一

陕西师范大学文学院教授、国家级教学名师，北京一零一中学原副校长程翔题词

目 录

导　读

学习《论语》之前先提一个问题：哪部书对中国思想、文化影响最大？

有同学认为是四大名著，即《水浒传》《三国演义》《西游记》《红楼梦》。有道理，它们影响确实很大，在中国可谓家喻户晓、妇孺皆知。这几部书里的故事、插画，改编而成的戏曲、影视剧等广为流传。但是，这几部书的影响至今才几百年，而有一部书影响长达两千多年，又是每一个读书人的必读课本，它就是《论语》。

注意，"论"读作lún。

《论语》的影响力表现在三个方面：

第一，在思想上。作为最伟大的思想家，孔子创立的以《论语》为载体的儒家思想，两千多年以来一直是中国的正统思想。

第二，在教育上。作为教育家，孔子弟子三千，贤者七十二。他创造的许多教与学的方法、原则现今仍在使用。例如有教无类、因材施教、诲人不倦、学思结合、温故知新、循循善诱，还有重视道德教育，等等。孔子也被后人尊称为"至圣先师"，古代童子入学，第一件事就是拜孔子。

第三，在语言上。语句大量化为成语，例如下列常用成语都出自《论语》：

温故知新　见义勇为　乐在其中　既往不咎

尽善尽美　见贤思齐　三思而行　文质彬彬

敬而远之　举一反三　患得患失　发愤忘食

任重道远　死而后已　后生可畏　名正言顺

怨天尤人　杀身成仁　血气方刚　道听途说

学而不厌　诲人不倦　不耻下问　礼之用，和为贵

小不忍则乱大谋　　三人行必有我师

还有"成双成对"的：

己所不欲，勿施于人；人无远虑，必有近忧

饱食终日，无所用心；四体不勤，五谷不分

鸟之将死，其鸣也哀；人之将死，其言也善

听其言，观其行；言必信，行必果

工欲善其事，必先利其器

有人统计，《论语》全文才一万多字，却出了三百多条成语。

平均几十个字出一条成语，其密集程度没有任何一部著作能相比。现在中学语文课本有《〈论语〉十二章》一课，这12章（其实是12句），竟能出成语20多条：

不亦乐乎　三省吾身　三思而行　志学之年

而立之年　不惑之年　天命之年　耳顺之年

从心所欲　温故知新　箪食瓢饮　不堪其忧

不改其乐　曲肱而枕　乐在其中　择善而行

逝者如斯　不舍昼夜　博学笃志　切问近思

三人行必有我师……

那么，《论语》是一部什么书？

《论语》是记录孔子及其弟子言行的书。

《论语》共20篇，492章（则）。

《论语》是儒家最重要的经典，也是"四书"之一，是古代每个读书人的必读书。

《论语》的作者是谁？

答案是孔子的弟子及再传弟子。

注意：不是孔子。因为《论语》的成书在孔子逝世之后，弟子们为了纪

念孔子而汇集、编写，有许多弟子参与，而且还不断修订，有一个很长的过程。

《论语》的影响力如此之大，那么孔子是什么人？

请记住四个要点：

生卒年为前551年—前479年；

名丘，字仲尼；

春秋时鲁国人；

我国最伟大的思想家、教育家。

他还是最早的典籍整理编订的大师。相传《诗》《书》《礼》《乐》《易》《春秋》等"六经"都是他整理编定的。

学习《论语》，同学们都会提出一个问题：学《论语》有什么用？

先讲一个故事：半部《论语》治天下。

宋代的赵普与宋太祖赵匡胤是幼年同学兼朋友，他跟随赵匡胤打天下，宋朝建立后，赵普任宰相。据说每当讨论重大问题，赵普总是说："明天再做决策。"晚上回家后就从箱子里拿出《论语》仔细研读，第二天准能提出一个高明见解。

赵匡胤得知后，亲自到他家探问，赵普拿出《论语》，赵匡胤问："此为朕幼年所习，如今爱卿还在读吗？"赵普答："齐家治国平天下的道理尽在其中，我辅佐陛下定天下只用了半部《论语》，尚有半部可以辅佐陛下致太平。"此后"半部《论语》治天下"就成了历史上的一桩美谈。

"半部《论语》治天下"毕竟是古代的故事，现在，学习《论语》至少有以下五大作用：

第一，学会做人做事。《论语》中有许多为人、处事的思想和道理，而且这些思想和道理还是非常深刻的，例如：

做人的准则是什么？做人应当追求什么目标？

怎样处理和家人、同学、朋友、君子、陌生人的关系？怎样对待富贵与贫穷？

交友应交什么样的友？朋友间应当谈论什么，不应当谈论什么？

什么样的人才是好人？是不是公众评价高的就是好人？

怎样对待别人的批评？怎样对待自己的缺点？

怎样批评和规劝别人？别人不接受自己的意见怎么办？

说话应当注意什么？……

本书就特别注重选择这些方面内容的名句，以上问题在本书所选的100句中都有明确的答案，相信同学们会在这方面受益无穷。

第二，提高阅读能力。两千多年来，《论语》在思想文化上，在语言上，对中华民族的影响极大。仅以语言方面为例，中国古代的语言习惯、语法规则以及词汇意义，自《论语》之后基本定型，两千多年来，尽管人们的口语产生了不小的发展变化，但文人的写作都是以《论语》为准则，这就是所谓"文言"。那么只要你读懂了《论语》，就基本上掌握了文言文的语言习惯和语法规则，再读其他文言作品，诸如《史记》《汉书》等就会容易得多，中考、高考应试，也就容易很多。

第三，增加知识积累，提高文才口才。许多同学不会写作文，害怕写作文，一写作文就觉得无话可说，无理可讲，尤其是议论文。这其实不是会不会的问题，而是知识积累够不够的问题，当你的生活积累、知识积累达到一定程度，自然就会下笔千言，一挥而就。等你把《论语》中的名句读完、背下来，虽然不一定出口成章、下笔如有神，但相信你的写作能力和口才会有明显提高。

第四，增长智慧。仅举一例：什么样的人才是好（坏）人？是不是大众都说好的就是好人，都说坏的就是坏人？一般人认为是这样。但《论语》有这样一条：

子贡问曰："乡人皆好之，何如？"子曰："未可也。""乡人皆恶之，何如？"子曰："未可也。不如乡人之善者好之，其不善者恶之。"（《论语·子路》）

翻译过来就是：子贡问孔子："全乡人都喜欢、赞扬他，这个人怎么样？"孔子说："不能肯定。"子贡又问："全乡人都厌恶、憎恨他，这个人怎么样？"孔子说："也不能肯定。最好是全乡的好人都喜欢他，坏人都厌恶他。"

孔子不以简单的多数少数判断人的善恶，这是极有智慧的。一个谁都不得罪、众人都说好的人，那叫乡愿（老好人）。孔子对乡愿极为反感，曾正言厉色地斥之："乡愿，德之贼也。"（《论语·子路》）孔子还说过另一句意义相关的话："众恶之，必察焉；众好之，必察焉。"（《论语·子路》）

第五，提升品位。例如：上海有个桂林公园，一伙同学到此游玩，见一古建筑名为"四教厅"，有同学问，为什么起这么个怪名字？另一同学马上说：因为《论语》有"子以四教：文行忠信"。同学们马上对他另眼相看。

现在我们用几句话归纳一下学习《论语》的作用：

> 学会做人做事，加深思想认识。
> 增进口才文才，提高阅读能力。
> 热爱祖国文化，升华品位气质。
> 纠正不良习惯，和谐人际关系。

| 学习指导 |

学习《论语》是翻译更重要，还是背诵更重要？

如果你既能读懂翻译，又能背诵，那最好不过。但如果二者不能得兼，还是背诵重要。因为只有背下来，才能化为"身内之物"，才能出口成章、下笔如有神。人的语文能力特别是说、写能力的形成，是必须建立在一定的知识积累和语言材料积累的基础之上的。因而让学生博闻强识是很有必要的。有些书可以采用"不求甚解"的浏览式读法，以求其博；而有些书，尤其是经典著作，则必须熟读成诵。

有必要全文背诵《论语》吗?

如果你有时间、有精力、有兴趣、有毅力全文背诵,那当然好,且会受益无穷。但是,现在的中小学生学习负担很重,没有足够的时间精力去实现这个目标。那就择要而背——只背其中重要的、适用的且相对通俗易懂的那一部分,也是一种事半功倍的明智选择。

说实话,《论语》毕竟是两千多年前的作品,至今有些内容已经过时了,不适合现在的中小学生阅读背诵,只适合于专业人士研究。例如,你懂得下面这句话的意思吗?

三家者以《雍》彻。子曰:"'相维辟公,天子穆穆',奚取于三家之堂?"

对中小学生来说,这则太难懂了!即使翻译过来都不一定真懂。

译文:孟孙、叔孙、季孙这三家在祭祖完毕撤去祭品时,命乐工演奏《雍》这篇诗。孔子说:"'相维辟公,天子穆穆'这两句,怎么能用在你三家的祠堂上呢?"("相维辟公,天子穆穆"两句意思是:助祭的是诸侯,天子庄严静穆地在那里主祭。)

这是孔子谈论鲁国当政者违"礼"演奏音乐的事件,而对于这些越礼犯上的举动,孔子表现得极为愤慨:天子有天子的音乐,诸侯有诸侯的音乐,平民有平民的音乐,你作为诸侯的后代,怎么可以犯上,演奏天子的音乐呢?

即使能懂得这意思,但还能够把它作为今天的行为准则吗?当然不能。所以,中小学生还是阅读和背诵一种"精选本"比较合适。

正是出于这样的目的,张老师选注了"论语100句(则)"。

小 知 识

《论语》共有多少篇、多少章?

答案是共20篇,492章。

篇,相当于现在的"章节"。《论语》各篇都是选首章首句中的两三个字作为篇名。每篇内容多少差别很大,少的只有3章,多的达44章。

章，金文、小篆的写法都是上面是"音"，下面是"十"。音，指音乐；十，是数字。本义如下：

①音乐的一曲。《说文解字》："乐竟为一章。"苏轼《前赤壁赋》："诵明月之诗，歌窈窕之章。"后来诗文的一段也叫一章，例如我们的课文就有《〈论语〉十二章》《〈孟子〉二章》。

②绘画或刺绣上，红黑相间的花纹叫作"文"，红白相间的叫作"章"。柳宗元《捕蛇者说》"永州之野产异蛇，黑质而白章"，就是说这种蛇黑底白花纹。文章，最初都是指花纹，后来才表示文字写成的作品。也指条目，如约法三章。《论语》中的章，一般是指一则。

《论语》中的"章"有长有短，短的只有一句话，长的有几百字。

下面逐篇学习《论语》，每篇都列出了该篇全文，但我们重点学习其中的100句（则）。

金文	小篆

附录

《论语》20篇名

1. 学而	2. 为政
3. 八佾	4. 里仁
5. 公冶长	6. 雍也
7. 述而	8. 泰伯
9. 子罕	10. 乡党
11. 先进	12. 颜渊
13. 子路	14. 宪问
15. 卫灵公	16. 季氏
17. 阳货	18. 微子
19. 子张	20. 尧曰

巧记《论语》篇名

学为八里长，雍述泰子乡。

先颜路宪卫，季阳微张尧。

学而第一

本篇概述

"学而"是篇名，取自首句"学而时习之，不亦说乎"的前两个字。中国古代较早的文章往往没有篇名，于是就选前几个字做篇名。

本篇共16章。主要内容包括：

孔子论治学和修身的三境界；曾子"吾日三省吾身"的思想；有子"礼之用，和为贵"的思想；仁、孝、信等道德思想。

《学而》全文

1. 子曰："学而时习之，不亦说乎？有朋自远方来，不亦乐乎？人不知而不愠，不亦君子乎？"

2. 有子曰："其为人也孝弟，而好犯上者，鲜矣；不好犯上，而好作乱者，未之有也。君子务本，本立而道生。孝弟也者，其为仁之本与！"

3. 子曰："巧言令色，鲜矣仁！"

4. 曾子曰："吾日三省吾身：为人谋而不忠乎？与朋友交而不信乎？传不习乎？"

5. 子曰："道千乘之国，敬事而信，节用而爱人，使民以时。"

6. 子曰："弟子入则孝，出则弟，谨而信，泛爱众，而亲仁。行有余力，则以学文。"

7. 子夏曰："贤贤易色；事父母，能竭其力；事君，能致其身；与朋友交，言而有信。虽曰未学，吾必谓之学矣。"

8. 子曰："君子不重，则不威；学则不固。主忠信，无友不如己者。过则勿惮改。"

9. 曾子曰："慎终追远，民德归厚矣。"

10. 子禽问于子贡曰："夫子至于是邦也，必闻其政，求之与？抑与之与？"子贡曰："夫子温、良、恭、俭、让以得之。夫子之求之也，其诸异乎人之求之与？"

11. 子曰："父在，观其志；父没，观其行；三年无改于父之道，可谓孝矣。"

12. 有子曰："礼之用，和为贵。先王之道，斯为美；小大由之。有所不行，知和而和，不以礼节之，亦不可行也。"

13. 有子曰："信近于义，言可复也。恭近于礼，远耻辱也。因不失其亲，亦可宗也。"

14. 子曰："君子食无求饱，居无求安，敏于事而慎于言，就有道而正焉，可谓好学也已。"

15. 子贡曰："贫而无谄，富而无骄，何如？"子曰："可也。未若贫而乐，富而好礼者也。"子贡曰："《诗》云：'如切如磋，如琢如磨'，其斯之谓与？"子曰："赐也，始可与言《诗》已矣，告诸往而知来者。"

16. 子曰："不患人之不己知，患不知人也。"

这一篇本书选了7句（则），下面分别学习：

1. 子曰："学而时习之，不亦说乎？有朋自远方来，不亦乐乎？人不知而不愠，不亦君子乎？"（1.1）

【注释】 时：按时。习：复习，练习，实习。"不亦……乎"：表示轻微的反问，可译为"不……吗"。说：同"悦"。朋：指志同道合的人，包括弟子、门生等。知：了解并赏识。愠：生气，发怒。

【译文】 孔子说："学习并按时复习、练习、实习，不是很愉快吗？有志同道合的朋友从远方来，不是很快乐吗？有学问、有才能却不被当权者赏识和重用，自己也不生气、不怨恨，难道不是君子吗?"

评析

这三个反问句是什么关系?

这是孔子主张的读书修身的"三个境界"：

第一境界：学而时习之，包括读书、复习、练习、实习，甚至包括社会实践。

第二境界：与志同道合者讲谈、研讨、论辩，从而加深造诣。

第三境界：人不知而不愠——学问有相当造诣之后，却并没有受到当权者的赏识和重用，然而也不因此怨恨，仍然安贫乐道，孜孜以求，那便是只有极少数人才能达到的"君子"境界了。

说文解字

习

繁体字写作"習"。甲骨文写作🦅。

《说文》释"习"（習）为"数飞也，从羽，白声"，也就是小鸟练翅学飞，引申为练习。

清代思想家、教育家颜元主张"习行"，即通过实践巩固所学。

知

知，不仅是了解、知道，还要赏识、重用。例：相知、知心、知己、知遇之恩、知人善任。

《乐府诗集·上邪》："上邪! 我欲与君相知，长命无绝衰。山无陵，江水为竭，冬雷震震，夏雨雪，天地合，乃敢与君绝!"——都要以身相许，发誓海枯石烂心不变了，这才叫相"知"。

清代刘宝楠《论语正义》一书解释此句："人不知者，谓当时君卿大夫不知己学有成举用之也。"可见"人不知"的"人"，也不是一般的人，而是"君卿大夫"，即当权者、领导者。

那么"人不知而不愠，不亦君子乎"，正确译文是：有学问、有才能却不被当权者赏识和重用，自己也不生气、不怨恨，难道不是君子吗？

2. 子曰："巧言令色，鲜矣仁！"（1.3）

注释 令：美好的。色：面容。鲜（xiǎn）：少。

译文 孔子说："花言巧语的人，很少有仁心。"

评析

儒家崇尚质朴，反对花言巧语。主张说到做到，言行一致，反对只说不做，心口不一。

典故

信与美

老子说："信言不美，美言不信。善者不辩，辩者不善。"

意思是：诚实的话不一定动听，动听的话不一定诚实。好人不会花言巧语，能言善辩的不一定是好人。

孔子还说过："君子欲讷于言而敏于行。敏于事而慎于言。"

"巧言令色，鲜矣仁"，是强调少说多做，孔子与老子的主张是一致的。

3. 曾子曰："吾日三省吾身：为人谋而不忠乎？与朋友交而不信乎？传不习乎？"（1.4）

注释 曾子：本名曾参（shēn），孔子的学生。

日：每天。三省（xǐng）：反省多次。省，反省，省察。文言文中，

"三""九"诸字皆有"多"义，不一定是确数。

信：诚信，真诚。传：老师传授的知识。

译文 曾子说："我每天多次地反省自己：替别人办事是不是尽心竭力呢？跟朋友往来是不是讲诚信呢？老师传授的学业是不是复习过呢？"

历史人物

曾子

曾子本名曾参，字子舆，是孔子最优秀的学生之一。他十六岁拜孔子为师，勤奋好学，颇得孔子真传。后来他也办学，积极推行儒家主张，传播儒家思想。他参编《论语》，著有《大学》《孝经》等经典著作，被后世尊奉为"宗圣"，是配享孔庙的四配之一。

说文解字

省

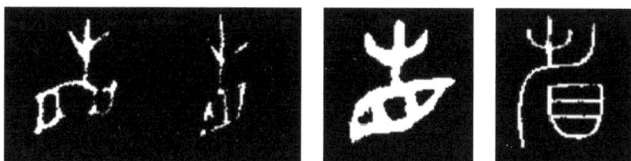

甲骨文　　金文　　小篆

甲骨文、金文为箭头扎在眼睛上之形，表示有物看入眼中。小篆加了一条眼眉，本义是看。例如省亲，就是回家看父母。

如果查看自己内心，那就是反省、省察，发人深省、反躬自省、三省吾身等成语中的"省"就是此义。

信

这是个会意字，从人，从言。"人言"应当是诚实的。

本义为诚信，真心诚意。《说文解字》解释："信，诚也。"今成语有信誓旦旦、背信弃义等。

信的诚信义，在中学课本的文言文中有许多例句：

君与家君期日中，日中不至，则是无信。（《陈太丘与友期行》）

牺牲玉帛，弗敢加也，必以信。（《曹刿论战》）

"信"的相信、书信等义，是后起义。

4. 子曰："弟子入则孝，出则弟，谨而信，泛爱众，而亲仁。行有余力，则以学文。"（1.6）

【注释】弟子：年轻人，学生。入：在家里。出：与"入"相对，指外出拜师学习或工作。弟：通"悌"。敬重兄长，爱护弟弟，进而敬重师长。行有余力：有闲暇时间。文：古代文献，《诗》《书》《礼》《易》等典籍里的文化知识。

【译文】孔子说："弟子们在家里要孝顺父母；出门在外，要顺从师长，言行谨慎，讲究诚信，要广泛地爱众人，亲近有仁德的人。如果还有余力，就去学习文化知识。"

▌评析

这一则是孔子对学生最重要的教导，证明孔子认为道德比知识更重要，做人比做学问更重要。《弟子规》把这一章作为总纲："弟子规，圣人训。首孝悌，次谨信，泛爱众，而亲仁。有余力，则学文。"然后全章分为五部分：总叙、入则孝出则弟、谨而信、泛爱众而亲仁、行有余力则以学文。可见这一章的重要。

5. 有子曰："礼之用，和为贵。"（1.12）

【注释】有子：孔子的学生，姓有，名若。和：和谐。

特级教师 教你读 论语百句

译文 有子说："礼的应用，以和谐为贵。"

说明 《论语》是孔子的弟子和再传弟子编辑的。其中大部分是传自曾参和有若的弟子，所以这两位也被称为"子"。

历史人物

有子

有子（前518—？），有氏，名若。春秋末期鲁国人。孔子弟子中"七十二贤人"之一。曾提出"礼之用，和为贵"等观点。因其气质形貌酷似孔子，孔子死后，深受孔门弟子敬重。子夏、子张、子游以为有若似孔子，欲以事孔子之礼事之。

6．子曰："君子食无求饱，居无求安，敏于事而慎于言，就有道而正焉，可谓好学也已。"（1.14）

注释 敏：勤劳，勤快。于：对，对于。慎：小心，谨慎。就：靠近，接近。也已：两个语气词连用，加强语气。

译文 孔子说："君子饮食不要求饱足，居住不要求舒适，对工作要勤快，说话要小心谨慎，到有道的人那里去匡正自己，这样就可以说是好学了。"

7．子曰："不患人之不己知，患不知人也。"（1.16）

注释 患：忧虑。知：了解，理解。
不己知：为"不知己"的倒置，不了解自己。古代汉语中，否定句中的代词宾语往往提到前面。

译文 孔子说："不忧虑别人不了解自己，只忧虑自己不了解别人。"或：孔子说："不忧虑别人不理解自己，只忧虑自己不理解别人。"

评析

这句和开头"人不知而不愠，不亦君子乎"所表达的思想相似。

为政第二

本篇概述

篇名取自首章首句"为政以德"的前两个字。本篇共24章,主要讲治理国家的道理和方法,具体内容包括:

孔子论"为政以德";孔子论从政为官的基本原则;孔子自述成长过程;孔子论学习与思考的关系,论温故知新和孝悌。

《为政》全文

1. 子曰:"为政以德,譬如北辰,居其所而众星共之。"

2. 子曰:"《诗》三百,一言以蔽之,曰:'思无邪。'"

3. 子曰:"道之以政,齐之以刑,民免而无耻;道之以德,齐之以礼,有耻且格。"

4. 子曰:"吾十有五而志于学,三十而立,四十而不惑,五十而知天命,六十而耳顺,七十而从心所欲,不逾矩。"

5. 孟懿子问孝。子曰:"无违。"樊迟御,子告之曰:"孟孙问孝于我,我对曰,无违。"樊迟曰:"何谓也?"子曰:"生,事之以礼;死,葬之以礼,祭之以礼。"

6. 孟武伯问孝。子曰:"父母唯其疾之忧。"

7. 子游问孝。子曰:"今之孝者,是谓能养。至于犬马,皆能有养;不敬,何以别乎?"

8. 子夏问孝。子曰："色难。有事，弟子服其劳；有酒食，先生馔，曾是以为孝乎？"

9. 子曰："吾与回言终日，不违，如愚。退而省其私，亦足以发，回也不愚。"

10. 子曰："视其所以，观其所由，察其所安。人焉廋哉？人焉廋哉？"

11. 子曰："温故而知新，可以为师矣。"

12. 子曰："君子不器。"

13. 子贡问君子。子曰："先行其言而后从之。"

14. 子曰："君子周而不比，小人比而不周。"

15. 子曰："学而不思则罔，思而不学则殆。"

16. 子曰："攻乎异端，斯害也已。"

17. 子曰："由！诲女知之乎！知之为知之，不知为不知，是知也。"

18. 子张学干禄。子曰："多闻阙疑，慎言其余，则寡尤。多见阙殆，慎行其余，则寡悔。言寡尤，行寡悔，禄在其中矣。"

19. 哀公问曰："何为则民服？"孔子对曰："举直错诸枉，则民服；举枉错诸直，则民不服。"

20. 季康子问："使民敬、忠以劝，如之何？"子曰："临之以庄，则敬；孝慈，则忠；举善而教不能，则劝。"

21. 或谓孔子曰："子奚不为政？"子曰："《书》云：'孝乎！惟孝，友于兄弟，施于有政。'是亦为政，奚其为为政？"

22. 子曰："人而无信，不知其可也。大车无輗，小车无軏，其何以行之哉？"

23. 子张问："十世可知也？"子曰："殷因于夏礼，所损益，可知也；周因于殷礼，所损益，可知也。其或继周者，虽百世，可知也。"

24. 子曰："非其鬼而祭之，谄也。见义不为，无勇也。"

8．子曰：“吾十有五而志于学，三十而立，四十而不惑，五十而知天命，六十而耳顺，七十而从心所欲，不逾矩。”（2.4）

注释

逾：越，超越。

译文

孔子说：“我十五岁立志求学；三十岁自立于世；四十岁（掌握了各种知识）不致迷惑；五十岁认识了社会人生规律；六十岁一听别人言语便可以分辨真假，判明是非；七十岁便随心所欲，任何念头都不会越出规矩。”

评析

这是孔子晚年对自己一生学习修养的概括总结，说明他一生从不间断地学习修养，而且每隔一段时间就有一个较大的进步，直至晚年达到最高境界。其中“而立”“不惑”“知命”“耳顺”也分别成了三十岁、四十岁、五十岁、六十岁的代名词。

考考你

下列代称是指多大岁数？

志学之年　而立之年　不惑之年　知命之年

答案：分别是15岁、30岁、40岁、50岁。

陶行知诗一首：自勉并勉同志

> 人生天地间，各自有禀赋。
>
> 为一大事来，做一大事去。
>
> 多少白发翁，蹉跎悔歧路。
>
> 寄语少年人，莫将少年误。

9. 子曰："温故而知新，可以为师矣。"（2.11）

注释　温：温习。故：旧的（知识）。可：可以。以：凭（这个）。为师：当老师。

译文　孔子说："温习旧知识，能获得新的理解与认识，凭这一点就可以做老师了。"

评析

这一句强调要有"知新"的能力。孔子说过："记问之学，不足为人师。"只能记诵一些知识，是不能当别人的老师的；一定要将知识融会贯通，在温故中有新见解，才可以为师。

小资料

艾宾浩斯遗忘曲线

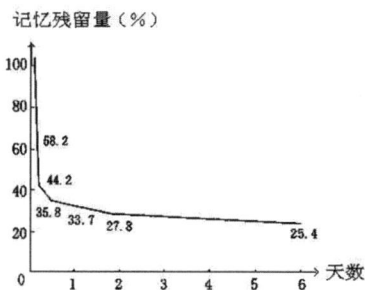

德国心理学家艾宾浩斯研究发现，遗忘在学习之后立即开始，而且遗忘的进程并不是均匀的。最初遗忘速度很快，以后逐渐缓慢。他根据实验结果绘成遗忘进程的曲线，即著名的"艾宾浩斯遗忘曲线"。

根据这个遗忘曲线，知识的复习应尽早开始。有人测试两组学生学习一段课文，甲组学习后不复习，乙组按艾宾浩斯记忆规律复习，结果表明，乙组记忆率明显高于甲组。

10．子曰："学而不思则罔，思而不学则殆。"（2.15）

罔：迷惑而无所得。殆：危险或疑惑。

孔子说："只读书却不思考，就会感到迷惑而没有收获；只是空想却不读书，就会精神疲倦而无所得。"

评析

"学而不思"和"思而不学"，孔子更反对"思而不学"，因为"学而不思"只是迷惑、没有收获而已，而"思而不学"还有危险。为什么这么说？举个例子，一个学生整天琢磨考100分，却不努力学习而想通过作弊的方法实现，这肯定就是危险的。

11．子曰："由！诲女知之乎！知之为知之，不知为不知，是知也。"（2.17）

注释

由：仲由，字子路，孔子的弟子。诲：教诲。女：同"汝"。最后一个"知"同"智"。

译文

孔子说："仲由，我教你求知的正确态度吧：知道就是知道，不知道就是不知道，这就是聪明智慧。"

评析

孔子要求学生实事求是，做学问不能有虚假，而且认为这才算是真正的智慧。孔子之所以成为圣人，与他严谨的治学态度是分不开的，他承认自己的"不知"，才会有"知"的动力。假如认为自己什么都知道，是不会有什么大出息的。

子路（仲由）

仲由（前542—前480），字子路，又字季路，孔子的得意门生，鲁国卞（今山东泗水东南）人，孔门十哲之一，小孔子九岁，也是弟子中侍奉孔子最久者。仲由以政事见称，为人刚直鲁莽，好勇力，事亲至孝。除学诗、礼外，还为孔子赶车，做侍卫，跟随孔子周游列国，深得器重。鲁哀公十五年（前480），卫国发生内乱，子路被叛臣杀死，砍成肉泥。

不懂装懂闹笑话

有个北方人到南方去做官，刚到南方，肯定有许多事情弄不明白，但他不想去问别人，那样显得自己太无知了，结果闹出许多笑话。有一个乡绅请他去做客，仆人端上一盘水红菱。这位没见过菱角，更不知道这东西生长在水里，又不好意思问。主人又一再请他先尝，他只好拿起一只，连壳也不剥就放到嘴里去嚼。主人看他这样，就告诉他：菱角要剥了皮再吃。他明知自己露丑了，却一本正经地说："刚到南方，水土不服，连壳吃掉，为的是清火。"主人摇头说："我怎么没听说过菱角清火呢？你们北方也有这东西吗？"那人回答："多得很呐，山前山后到处都是。"

12. 哀公问曰："何为则民服？"孔子对曰："举直错诸枉，则民服；举枉错诸直，则民不服。"（2.19）

注释 哀公：鲁国君主，哀是谥号。对：回答，多指下回答上。举：推举。错：同"措"，放置。诸："之于"的合音词，如成语"付诸东流"。枉：曲，邪恶。

译文 鲁哀公问："怎样做才能使人民服从我呢？"孔子回答："选拔正直的人，安排在邪恶的人之上，人民就服从了；选拔邪恶的人，安排在正直的人之上，人民就不服从了。"

这句话说明了选拔正直人才的重要性，也说明了制度、政策的重要性。好的制度能让坏人变好，坏的制度能让好人变坏。

13．子曰："人而无信，不知其可也。"（2.22）

| 注释 |

信：诚信。

| 译文 |

孔子说："人如果不讲诚信，不知道他能干什么。"

| 说明 |

这句话强调诚信的重要。

| 典故 |

抱柱之信（尾生抱柱）

《庄子·盗跖》记载了"尾生抱柱而死"的故事：

春秋时，鲁国曲阜有个年轻人名叫尾生，为人正直，乐于助人，和朋友交往很守信用，受到四邻八乡的普遍赞誉。后来尾生迁居梁地（今陕西韩城南），与一位姑娘一见钟情，私订终身。但是姑娘的父母嫌弃尾生家境贫寒，坚决反对这门亲事。为了追求爱情和幸福，姑娘决定背着父母私奔，随尾生回曲阜老家。

那天两人约定在韩城外的一座木桥会面，双双远走高飞。黄昏时分，尾生提前来到桥上等候。不料突然乌云密布，狂风怒吼，电闪雷鸣，滂沱大雨倾盆而下，不久山洪暴发，滚滚河水裹挟泥沙淹没了桥面，没过了尾生的膝盖。但尾生记着姑娘的信誓旦旦，寸步不离，死死抱着桥柱，最终被活活淹死。

再说姑娘因为私奔计划泄露，被父母关在家中，不得脱身。后来伺机连夜逃出家门，来到城外桥边，此时洪水已渐渐退去。姑娘看到紧抱桥柱而死的尾生，悲恸欲绝。她抱着尾生的尸体号啕大哭，哭罢相拥纵身投入滚滚河水之中，谱写了中国文学史上一幕惊心动魄的爱情悲剧。

此事《史记》《汉书》《艺文类聚》等书均有载，《史记·苏秦列传》更以"孝如曾参，廉如伯夷，信如尾生"誉之。后人遂用"尾生之信""尾生抱柱"形容坚守信约，忠诚不渝。

八佾第三

| 本篇概述 |

　　篇名取自首句"八佾舞于庭，是可忍也，孰不可忍也"的前两个字。
　　《八佾》篇共26章。内容主要是讨论如何维护"礼"。

《八佾》全文

　　1. 孔子谓季氏："八佾舞于庭，是可忍也，孰不可忍也？"

　　2. 三家者以《雍》彻。子曰："'相维辟公，天子穆穆'，奚取于三家之堂？"

　　3. 子曰："人而不仁，如礼何？人而不仁，如乐何？"

　　4. 林放问礼之本。子曰："大哉问！礼，与其奢也，宁俭；丧，与其易也，宁戚。"

　　5. 子曰："夷狄之有君，不如诸夏之亡也。"

　　6. 季氏旅于泰山。子谓冉有曰："女弗能救与？"对曰："不能。"子曰："呜呼！曾谓泰山不如林放乎？"

　　7. 子曰："君子无所争。——必也射乎！揖让而升，下而饮。其争也君子。"

　　8. 子夏问曰："'巧笑倩兮，美目盼兮，素以为绚兮'。何谓也？"子曰："绘事后素。"曰："礼后乎？"子曰："起予者商也！始可与言《诗》已矣。"

　　9. 子曰："夏礼，吾能言之，杞不足征也；殷礼，吾能言之，宋不足征

25

也。文献不足故也。足，则吾能征之矣。"

10. 子曰："自既灌而往者，吾不欲观之矣。"

11. 或问禘之说。子曰："不知也，知其说者之于天下也，其如示诸斯乎！"指其掌。

12. 祭如在，祭神如神在。子曰："吾不与祭，如不祭。"

13. 王孙贾问曰："与其媚于奥，宁媚于灶，何谓也？"子曰："不然。获罪于天，无所祷也。"

14. 子曰："周监于二代，郁郁乎文哉！吾从周。"

15. 子入太庙，每事问。或曰："孰谓鄹人之子知礼乎？入太庙，每事问。"子闻之，曰："是礼也。"

16. 子曰："射不主皮，为力不同科，古之道也。"

17. 子贡欲去告朔之饩羊。子曰："赐也！尔爱其羊，我爱其礼。"

18. 子曰："事君尽礼，人以为谄也。"

19. 定公问："君使臣，臣事君，如之何？"孔子对曰："君使臣以礼，臣事君以忠。"

20. 子曰："《关雎》，乐而不淫，哀而不伤。"

21. 哀公问社于宰我。宰我对曰："夏后氏以松，殷人以柏，周人以栗，曰：使民战栗。"子闻之，曰："成事不说，遂事不谏，既往不咎。"

22. 子曰："管仲之器小哉！"或曰："管仲俭乎？"曰："管氏有三归，官事不摄，焉得俭？""然则管仲知礼乎？"曰："邦君树塞门，管氏亦树塞门。邦君为两君之好，有反坫，管氏亦有反坫。管氏而知礼，孰不知礼？"

23. 子语鲁大师乐，曰："乐其可知也：始作，翕如也；从之一，纯如也，皦如也，绎如也，以成。"

24. 仪封人请见，曰："君子之至于斯也，吾未尝不得见也。"从者见之。出曰："二三子何患于丧乎？天下之无道也久矣，天将以夫子为木铎。"

25. 子谓《韶》："尽美矣，又尽善也。"谓《武》："尽美矣，未尽善也。"

26. 子曰："居上不宽，为礼不敬，临丧不哀，吾何以观之哉？"

因内容大多已不合当代需要，故只举首章如下：

孔子谓季氏："八佾舞于庭，是可忍也，孰不可忍也?"

注释

季氏：鲁国正卿季孙氏，即季平子。

八佾（yì）：舞蹈的行列。按《周礼》规定，天子用八佾，64人；诸侯用六佾，36人；卿大夫为四佾，士用二佾。季氏是正卿，只能用四佾。

是：这。忍：忍心，狠心。孰：什么。

译文

孔子谈到季氏，说："他在庭院享用64人的乐舞，如果这样的事都可以狠心做出来，还有什么事不可以狠心做出来呢?"

说明

本章不计入100句之内。

｜评析｜

春秋末期，礼崩乐坏，违反周礼、犯上作乱的事情不断发生，季氏用八佾舞于庭院，是典型的破坏周礼的行为。"是可忍孰不可忍"一句，反映了孔子对此事的极大愤慨。你特别愤慨时，也可以引用这一句。

里仁第四

本篇概述

篇名取自首句"里仁为美"的前两个字。本篇共26章，主要阐述儒家"仁德"的思想，具体包括：

义与利的关系；

个人的道德修养；

君子与小人的区别。

《里仁》全文

1. 子曰："里仁为美。择不处仁，焉得知？"

2. 子曰："不仁者不可以久处约，不可以长处乐。仁者安仁，知者利仁。"

3. 子曰："唯仁者能好人，能恶人。"

4. 子曰："苟志于仁矣，无恶也。"

5. 子曰："富与贵，是人之所欲也；不以其道得之，不处也。贫与贱，是人之所恶也；不以其道得之，不去也。君子去仁，恶乎成名？君子无终食之间违仁，造次必于是，颠沛必于是。"

6. 子曰："我未见好仁者，恶不仁者。好仁者，无以尚之；恶不仁者，其为仁矣，不使不仁者加乎其身。有能一日用其力于仁矣乎？我未见力不足者。盖有之矣，我未之见也。"

7. 子曰："人之过也，各于其党。观过，斯知仁矣。"

8. 子曰："朝闻道，夕死可矣。"

9. 子曰："士志于道，而耻恶衣恶食者，未足与议也。"

10. 子曰："君子之于天下也，无适也，无莫也，义之与比。"

11. 子曰："君子怀德，小人怀土；君子怀刑，小人怀惠。"

12. 子曰："放于利而行，多怨。"

13. 子曰："能以礼让为国乎，何有？不能以礼让为国，如礼何？"

14. 子曰："不患无位，患所以立。不患莫己知，求为可知也。"

15. 子曰："参乎！吾道一以贯之。"曾子曰："唯。"子出，门人问曰："何谓也？"曾子曰："夫子之道，忠恕而已矣。"

16. 子曰："君子喻于义，小人喻于利。"

17. 子曰："见贤思齐焉，见不贤而内自省也。"

18. 子曰："事父母几谏，见志不从，又敬不违，劳而不怨。"

19. 子曰："父母在，不远游，游必有方。"

20. 子曰："三年无改于父之道，可谓孝矣。"

21. 子曰："父母之年，不可不知也。一则以喜，一则以惧。"

22. 子曰："古者言之不出，耻躬之不逮也。"

23. 子曰："以约失之者，鲜矣。"

24. 子曰："君子欲讷于言而敏于行。"

25. 子曰："德不孤，必有邻。"

26. 子游曰："事君数，斯辱矣；朋友数，斯疏矣。"

本篇对后世产生过较大影响，我们选了其中 7 句（章）。

14. 子曰："里仁为美。择不处仁，焉得知？"（4.1）

注释

里：居民区。《周礼》："五家为邻，五邻为里。"这里用作动词，居住。

知：同"智"。

译文

孔子说："居住在有仁德的地方才好。选择住处，不住在有仁德的地方，怎么能聪明智慧呢？"

这一章说明了择居的重要性。环境对人的影响很大，因此选择风俗仁厚的住所，不知不觉就会受到它的影响。孟母三迁，就是为了选择"里仁为美"的环境，使孟子在优良的环境中成长。成语"近朱者赤，近墨者黑"也是这个道理。

小知识

通假字

通假字，是古代的一种用字现象。通，就是"通用"，假，就是"借代"，通假，就是将读音相同或字形相近的字借来代替本字。例如"学而时习之，不亦说乎"中用"说"代替"悦"；"举直错诸枉"中用"错"代替"措"；"择不处仁，焉得知"中用"知"代替"智"。

产生通假字的原因，可能是由于古代没有字典，查字不方便；识字的人也少，问字也不方便，便临时借用了同音或形似的字来替代。也可能是古人想省事，便用笔画少的字代替笔画多的字。有人认为，通假字其实就是古人所写的错别字，只是由于大家都这样沿袭，就成了"合法的错别字"。

趣味故事

千金买邻

南朝梁武帝时曾任辅国将军的吕僧珍是一位廉洁奉公、品德高尚的人，受到人们的称颂。有位名叫宋季雅的官员被贬到南康（今江西赣县）做太守，特地出高价，把吕僧珍隔壁的一幢房屋买下来居住。

吕僧珍问宋季雅："你买这幢房子花了多少钱？"宋季雅回答："一千一百万。"

吕僧珍听了大吃一惊："啊！怎么会这么贵？"

宋季雅笑着回答："其中一百万是买房子，另外一千万是买邻居。"

原文：宋季雅罢南康郡，市宅居僧珍宅侧。僧珍问宅价。曰："一千

一百万。"怪其贵。季雅曰："一百万买宅，千万买邻。"（唐·李延寿《南史·吕僧珍传》）

15. 子曰："富与贵，是人之所欲也；不以其道得之，不处也。贫与贱，是人之所恶也；不以其道得之，不去也。"（4.5）

注释 道：途径，方法。恶：厌恶。

译文 孔子说："富裕和显贵是人人都想要得到的，但不用正当的方法得到它，宁可不去享受。贫穷与低贱是人人都厌恶的，但不用正当的方法去摆脱它，宁可不去摆脱。"

|评析|

这一则强调君子对于钱财、富贵要取之有道，不义之财和来路不明的钱财，不能要。

|典故|

以不贪为宝

《左传·襄公十五年》中有这样一段记载：

宋人或得玉，献诸子罕。子罕弗受。献玉者曰："以示玉人，玉人以为宝也，故敢献之。"子罕曰："我以不贪为宝；尔以玉为宝，若以与我，皆丧宝也，不若人有其宝。"

翻译过来就是：宋国有个人得到一块玉，把它献给贤臣子罕，子罕却不接受。献玉的人说："我把它拿给雕琢玉器的人鉴定过了，雕玉的人认为这是宝物，所以小人才敢将此玉献给您。"子罕跟这个人说："我以'不贪'这个品德为宝，而你以这块玉为宝。你要是把这块玉给了我，那我们都失去了自己的宝物了。我们都还是继续各自拥有自己的宝物吧。"

陶母责子

《世说新语》中有这样一段记载：陶公少时，作鱼梁吏。尝以坩（gān）鲊（zhà）饷（xiǎng，用酒食等款待）母。母封鲊付使，反书责侃曰："汝为吏，以官物见饷，非唯不益，乃增吾忧也！"

翻译过来就是：晋朝大将军陶侃青年时做管理河道及渔业的官吏，曾经派差役把一坛酥鱼送给母亲。但陶母将送来的酥鱼封好交还给差役，并写一封回信责备陶侃："你身为官吏本应清正廉洁，却用官府的东西作为礼品赠送给我，这样做不仅没有好处，反而增加我的忧愁。"

陶母湛氏是中国古代一位有名的贤母，与孟母（孟子之母）、欧母（欧阳修之母）、岳母（岳飞之母）合称为"四大贤母"。

16. 子曰："士志于道，而耻恶衣恶食者，未足与议也。"（4.9）

注释 士：古代的一个阶层，指有知识、有本事的人。道：道义，真理。耻：以……为耻。未足：不值得。

译文 孔子说："读书人立志追求真理，却以穿得不好吃得不好为耻辱，那就不值得和他谈论什么了。"

评析

这一章表现了孔子追求真理，追求远大理想，而不贪图物质享受的思想。

小 知 识

吃苦耐劳、恶衣恶食的墨家

墨家是与儒家同时代的一个学术流派。创始人墨子曾学习儒家理论，但因反感儒家烦琐的礼仪而自创学派，最终成为与儒家并称两大"显学"的墨家流派。墨家主张虽与儒家有所不同，但在不避恶衣恶食方面却相同。

墨家以"兼爱""非攻"为思想核心，以"兴天下之利，除天下之害"为行动宗旨，尤重吃苦耐劳，艰苦实践。他们穿"短褐之衣"，食"藜藿之羹"（粗劣的饭菜），却"摩顶放踵利天下为之"。这是孟子对墨家的评价。

墨家又是一个注重实践、纪律严明的武装集团，文献典籍中的墨者，都具有极高尚的理想，又能身体力行。他们生活清苦，"日夜不休，以自苦为极"（极，准则），他们吃苦耐劳、严于律己，把维护公理与道义看作是义不容辞的责任。为了正义事业，墨家可以"赴汤蹈刃，死不旋踵"（至死也不转脚跟后退）。墨子"止楚攻宋"就是典型行为。

墨者还纪律严明，"墨者之法，杀人者死，伤人者刑"（《吕氏春秋·去私》）。例如钜子腹䵍的儿子杀了人，虽得到秦惠王的宽恕，但仍坚持"杀人者死"的"墨者之法"。墨家言行是"士志于道，而耻恶衣恶食者，未足与议也"的最好代表。

17. 子曰："君子怀德，小人怀土；君子怀刑，小人怀惠。"（4.11）

注释 怀：思念；存有。土：乡土，土地。刑：法制。

译文 孔子说："君子思念的是道德，小人思念的是乡土；君子想的是法制，小人想的是恩惠。"

小资料

欧阳修论君子与小人

君子与君子，以同道为朋；小人与小人，以同利为朋……小人所好者，利禄也；所贪者，货财也……及其见利而争先，或利尽而交疏，则反相贼害，虽其兄弟亲戚，不能相保……君子则不然。所守者道义，所行者忠信，所惜者名节。以之修身，则同道而相益；以之事国，则同心而共济。（《朋党论》）

18. 子曰："君子喻于义，小人喻于利。"（4.16）

|注释|

喻：明白。

|译文|

孔子说："只有君子才明白道义，小人只知道获得利益。"

|评析|

成语有"见利忘义"，意思是见到有利可图就不顾道义。

|典故|

焚券买义

战国时，齐国孟尝君有一门客叫冯谖。有一次，孟尝君派冯谖到自己的封地薛（今山东薛城）去收债。冯谖向孟尝君辞行，并请示："收完债，您需要买些什么东西吗？"孟尝君顺口答道："先生看我家里缺什么，就买些什么吧！"

冯谖驱车来到薛地，把负债之人都召集到一起，核对完账目后，他假传孟尝君的命令，免去所有人的欠款，并当面烧掉了债券，百姓感激不已，皆呼万岁。

冯谖返回求见孟尝君，孟尝君没料到他回来得这么快，半信半疑地问："债都收完了吗？"冯谖答："收完了。""那你给我买了些什么回来呢？"孟尝君又问。冯谖不慌不忙地答："您让我看家里缺少什么就买什么，我考虑到您有用不完的珍宝，数不清的牛马牲畜，美女也站满庭院，您缺少的只有'义'，因此我为您买'义'回来了。"孟尝君不知所云，忙问"买义"是什么意思。冯谖就把事情经过说了。孟尝君听后很不高兴，只得悻悻地说："算了吧！"

一年后，孟尝君失宠于齐闵王，被赶出国都，只好回到薛地。当孟尝君的车子距薛地还有百里远时，薛邑百姓便已扶老携幼，夹道相迎。孟尝君好生感慨，对冯谖说："先生为我所买的'义'，今天终于看见了！"

19．子曰："见贤思齐焉，见不贤而内自省也。"（4.17）

注释 省：反省，省察。

译文 孔子说："看见贤人要想着向他看齐，看见不贤的人要反省自己有没有跟他相似的毛病。"

20．子曰："君子欲讷于言而敏于行。"（4.24）

注释 讷（nè）：迟钝。这里指说话要谨慎，说之前要三思。敏：敏捷，快速。

译文 孔子说："君子说话要谨慎，而行动要敏捷。"

| 评析 |

这句和前文抨击"巧言令色"的主张可相互印证。
注意：讷，不读nà。

| 典故 |

吉人辞寡

东晋时，王羲之的三个儿子到太傅谢安家里做客。王徽之和王操之说话较多，且谈的多为俗事，而王献之简单寒暄之后再无多言。事后谢家宾客问，这三兄弟谁更胜一筹？谢安认为是王献之，理由是"吉人辞寡"。

公冶长第五

本篇概述

篇名取自首章"子谓公冶长"句，公冶长，姓公冶名长，齐国人，孔子的弟子。孔子对他评价很高，把自己的女儿嫁给了他。

本篇共28章，内容以谈论仁德为主，也评价古今人物及其得失，对后世产生过较大影响。

《公冶长》全文

1.子谓公冶长："可妻也。虽在缧绁之中，非其罪也。"以其子妻之。

2.子谓南容："邦有道，不废；邦无道，免于刑戮。"以其兄之子妻之。

3.子谓子贱："君子哉若人！鲁无君子者，斯焉取斯？"

4.子贡问曰："赐也何如？"子曰："女，器也。"曰："何器也？"曰："瑚琏也。"

5.或曰："雍也仁而不佞。"子曰："焉用佞？御人以口给，屡憎于人。不知其仁，焉用佞？"

6.子使漆雕开仕。对曰："吾斯之未能信。"子说。

7.子曰："道不行，乘桴浮于海。从我者，其由与？"子路闻之喜。子曰："由也好勇过我，无所取材。"

8.孟武伯问："子路仁乎？"子曰："不知也。"又问。子曰："由也，千乘之国，可使治其赋也，不知其仁也。""求也何如？"子曰："求也，千室之邑，百乘之家，可使为之宰也，不知其仁也。""赤也何如？"子曰："赤也，束带立于朝，可使与宾客言也，不知其仁也。"

9. 子谓子贡曰："女与回也孰愈？"对曰："赐也何敢望回？回也闻一以知十，赐也闻一以知二。"子曰："弗如也；吾与女弗如也。"

10. 宰予昼寝。子曰："朽木不可雕也，粪土之墙不可圬也；于予与何诛？"子曰："始吾于人也，听其言而信其行；今吾于人也，听其言而观其行。于予与改是。"

11. 子曰："吾未见刚者。"或对曰："申枨。"子曰："枨也欲，焉得刚？"

12. 子贡曰："我不欲人之加诸我也，吾亦欲无加诸人。"子曰："赐也，非尔所及也。"

13. 子贡曰："夫子之文章，可得而闻也；夫子之言性与天道，不可得而闻也。"

14. 子路有闻，未之能行，唯恐有闻。

15. 子贡问曰："孔文子何以谓之'文'也？"子曰："敏而好学，不耻下问，是以谓之'文'也。"

16. 子谓子产："有君子之道四焉：其行己也恭，其事上也敬，其养民也惠，其使民也义。"

17. 子曰："晏平仲善与人交，久而敬之。"

18. 子曰："臧文仲居蔡，山节藻棁，何如其知也？"

19. 子张问曰："令尹子文三仕为令尹，无喜色；三已之，无愠色。旧令尹之政，必以告新令尹。何如？"子曰："忠矣。"曰："仁矣乎？"曰："未知。焉得仁？""崔子弑齐君，陈文子有马十乘，弃而违之。至于他邦，则曰：'犹吾大夫崔子也。'违之。之一邦，则又曰：'犹吾大夫崔子也。'违之。何如？"子曰："清矣。"曰："仁矣乎？"曰："未知。焉得仁？"

20. 季文子三思而后行。子闻之，曰："再，斯可矣。"

21. 子曰："宁武子，邦有道，则知；邦无道，则愚。其知可及也，其愚不可及也。"

22. 子在陈，曰："归与！归与！吾党之小子狂简，斐然成章，不知所以裁之。"

23. 子曰："伯夷、叔齐不念旧恶，怨是用希。"

24. 子曰："孰谓微生高直? 或乞醯焉, 乞诸其邻而与之。"

25. 子曰："巧言、令色、足恭, 左丘明耻之, 丘亦耻之。匿怨而友其人, 左丘明耻之, 丘亦耻之。"

26. 颜渊、季路侍。子曰："盍各言尔志?"子路曰："愿车马, 衣轻裘, 与朋友共, 敝之而无憾。"颜渊曰："愿无伐善, 无施劳。"子路曰："愿闻子之志。"子曰："老者安之, 朋友信之, 少者怀之。"

27. 子曰："已矣乎! 吾未见能见其过而内自讼者也。"

28. 子曰："十室之邑, 必有忠信如丘者焉, 不如丘之好学也。"

21. 宰予昼寝。子曰："朽木不可雕也, 粪土之墙不可圬也。"(5.10)

注释

宰予: 孔子的弟子。昼寝: 白天睡觉。

圬 (wū): 抹墙用的抹子, 这里指用抹子粉刷墙。

译文

宰予白天睡觉。孔子说:"腐朽的木头无法雕刻, 粪土似的墙壁无法粉刷。"

评析

这一章可见孔子对学生要求严格。"朽木不可雕也"一句, 后来成了师长责备年轻人没出息的惯用语。

历史人物

宰予

宰予 (前522—前458), 字子我, 亦称宰我, 春秋末鲁国人, 孔子弟子, "孔门十哲"之一。能言善辩, 被孔子许为"言语"科的高才生。

宰予小孔子二十九岁, 曾从孔子周游列国, 游历期间常受孔子派遣, 使于齐国、楚国。

睡、寝、寐的区别

古代的"睡"，起初只表示坐着打瞌睡。所以《说文解字》释之为"睡，坐寐也"。《战国策·秦策》说苏秦"读书欲睡，引锥自刺其股"，是读书时坐着打瞌睡，而不是躺下睡觉。

中古以后，"睡"才有了"睡着"之义，例如：

童微伺其睡，以缚背刃，力上下，得绝，因取刃杀之。（柳宗元《童区寄传》）

子灿寐而醒，客则鼾睡炕上矣。（魏禧《大铁椎传》）

躺下睡，那叫"寝"。但"寝"不一定睡着；睡着，那叫"寐"。所以有"寝而不寐"之说。"夜不成寐"也表示躺下睡了，但睡不着。

宰予"昼寝"用"寝"而不用"寐"，说明其实只是躺了一会儿，打个瞌睡而已，并没睡着。

22. 子曰："始吾于人也，听其言而信其行；今吾于人也，听其言而观其行。"（5.10）

译文 孔子说："起初我对人，听了他的话就相信他的行为；而现在，我听了他的话，还要观察他的行为。"

评析

因此衍生出成语"听其言而观其行"。这是孔夫子教给我们的一条识人方法，说的是有些人言行不一，不能听其言而信其行，要听其言而观其行。言与行相比，显然行更重要。

清华大学校园的中心，即大礼堂的前面，有一个日晷（古代计时器），原为圆明园遗物，是1920届毕业生献给母校的礼物。日晷上刻有四个字："行胜于言。"（见下图）这也是清华的校风。

清华大学校园内的日晷，上刻有"行胜于言"

23. 子贡问曰："孔文子何以谓之'文'也?"子曰："敏而好学，不耻下问，是以谓之'文'也。"（5.15）

注释　孔文子：卫国大夫孔圉（yǔ），"文"是他的谥号。敏：敏捷、勤勉；聪敏。耻：以为耻。

译文　子贡问："孔文子为什么被谥为'文'呢?"孔子回答："他天资聪敏，又爱学习，不以向不如自己的人请教问题为耻，所以谥号为文。"

评析

这句一是强调好学；二是强调善问，并且是不耻下问。

历史人物

子贡

子贡（前520—前456），端木氏，名赐。春秋末年卫国人。孔子的得意门生，孔门十哲之一。子贡以言语闻名，利口巧辞，善于雄辩，且有干济之才，办事通达，曾任鲁国、卫国之相。他还善于经商，是孔子弟子中的首富。"端木遗风"指子贡遗留下来的诚信经商的风气，他也成为汉族民间信奉的财神。《论语》中对子贡言行记录较多，《史记》对其评价颇高。

孔子去世之后，弟子守孝三年，而子贡守孝六年。下面左图是子贡守墓的墓庐。右图是子贡的墓，在今天河南浚县大伾（pī）山东南三里的张庄村北。

典故

孔子每事问

孔子赞扬孔文子敏而好学，不耻下问，其实他自己也是敏而好学，不耻下问的典范。

《论语》记载："子入太庙，每事问。或曰：'孰谓鄹人之子知礼乎？入太庙，每事问。'子闻之，曰：'是礼也。'"

太庙，是国君的祖庙。孔子去太庙参加鲁国国君的祭祖典礼。他一进太庙，就向人问这问那。当时有人讥笑他："谁说'鄹人之子'懂得礼仪？来到太庙，什么事都要问。"鄹，是当时县名，孔子出生地。孔子的父亲叔梁纥，做过鄹的县官，所以当时有人管孔子叫"鄹人之子"。孔子听到人们的议论，答道："这正是礼啊！"

雍也第六

本篇概述

篇名取自首章"雍也可使南面"（冉雍这个人，可以让他去做官）的前两个字。本篇共30章，主要是孔子论述下列内容：

论"中庸之道"；论"恕道"；论"文质"；论培养"仁德"；评价颜回。

《雍也》全文

1. 子曰："雍也可使南面。"

2. 仲弓问子桑伯子，子曰："可也，简。"仲弓曰："居敬而行简，以临其民，不亦可乎？居简而行简，无乃大简乎？"子曰："雍之言然。"

3. 哀公问："弟子孰为好学？"孔子对曰："有颜回者好学，不迁怒，不贰过。不幸短命死矣。今也则亡，未闻好学者也。"

4. 子华使于齐，冉子为其母请粟。子曰："与之釜。"请益。曰："与之庾。"冉子与之粟五秉。子曰："赤之适齐也，乘肥马，衣轻裘。吾闻之也：君子周急不继富。"

5. 原思为之宰，与之粟九百，辞。子曰："毋！以与尔邻里乡党乎！"

6. 子谓仲弓曰："犁牛之子骍且角，虽欲勿用，山川其舍诸？"

7. 子曰："回也，其心三月不违仁，其余则日月至焉而已矣。"

8. 季康子问："仲由可使从政也与？"子曰："由也果，于从政乎何有？"曰："赐也可使从政也与？"曰："赐也达，于从政乎何有？"曰："求也可使从政也与？"曰："求也艺，于从政乎何有？"

9. 季氏使闵子骞为费宰。闵子骞曰："善为我辞焉！如有复我者，则吾必在汶上矣。"

10. 伯牛有疾，子问之，自牖执其手，曰："亡之，命矣夫！斯人也而有斯疾也！斯人也而有斯疾也！"

11. 子曰："贤哉，回也！一箪食，一瓢饮，在陋巷，人不堪其忧，回也不改其乐。贤哉，回也！"

12. 冉求曰："非不说子之道，力不足也。"子曰："力不足者，中道而废。今女画。"

13. 子谓子夏曰："女为君子儒！无为小人儒！"

14. 子游为武城宰。子曰："女得人焉耳乎？"曰："有澹台灭明者，行不由径，非公事，未尝至于偃之室也。"

15. 子曰："孟之反不伐，奔而殿，将入门，策其马，曰：'非敢后也，马不进也。'"

16. 子曰："不有祝鮀之佞，而有宋朝之美，难乎免于今之世矣！"

17. 子曰："谁能出不由户？何莫由斯道也？"

18. 子曰："质胜文则野，文胜质则史。文质彬彬，然后君子。"

19. 子曰："人之生也直，罔之生也幸而免。"

20. 子曰："知之者不如好之者，好之者不如乐之者。"

21. 子曰："中人以上，可以语上也；中人以下，不可以语上也。"

22. 樊迟问知。子曰："务民之义，敬鬼神而远之，可谓知矣。"问仁。曰："仁者先难而后获，可谓仁矣。"

23. 子曰："知者乐水，仁者乐山。知者动，仁者静。知者乐，仁者寿。"

24. 子曰："齐一变，至于鲁；鲁一变，至于道。"

25. 子曰："觚不觚，觚哉！觚哉！"

26. 宰我问曰："仁者，虽告之曰：'井有仁焉。'其从之也？"子曰："何为其然也？君子可逝也，不可陷也；可欺也，不可罔也。"

27. 子曰："君子博学于文，约之以礼，亦可以弗畔矣夫！"

28. 子见南子，子路不说。夫子矢之曰："予所否者，天厌之！天厌之！"

29. 子曰："中庸之为德也，其至矣乎！民鲜久矣。"

30.子贡曰:"如有博施于民而能济众,何如? 可谓仁乎?"子曰:"何事于仁! 必也圣乎? 尧舜其犹病诸! 夫仁者,己欲立而立人,己欲达而达人。能近取譬,可谓仁之方也已。"

24.子曰:"贤哉,回也! 一箪食,一瓢饮,在陋巷,人不堪其忧,回也不改其乐。贤哉,回也!"(6.11)

注释 回:颜回,也叫颜渊,孔子优秀的弟子。箪:盛食物的筐。堪:能忍受。

译文 孔子说:"贤德啊,颜回! 用一个竹筐吃饭,用一个水瓢喝水,住在简陋破败的小巷里,别人不能忍受这种贫困忧愁的生活,可颜回却保持乐观的态度刻苦读书。贤德啊,颜回!"

评析

因此,后人尊称颜渊为"复圣"。

历史人物

"复圣"颜回

颜回又名颜渊,字子渊。春秋末鲁国人。他十四岁即拜孔子为师,此后终生师事之。他极富学问,并以德行著称,是孔子最得意的弟子,孔子对他称赞最多。可惜颜回不幸早死,享年只有40岁,后被列为七十二贤之首,又被称为"复圣"。今山东曲阜有颜庙。

小知识

孔子对颜渊的评价

颜回是孔子最得意的弟子。他逢人便夸颜回好学,有德行。颜回的所思所想，孔子几乎无一不表示赞赏。《论语》中，记载孔子夸赞颜回的，就有十几处之多。除了"贤哉，回也！一箪食，一瓢饮，在陋巷，人不堪其忧，回也不改其乐。贤哉，回也"，孔子对颜渊的评价还有：

子谓颜渊曰："用之则行，舍之则藏，惟我与尔有是夫！"（《论语·述而》）意思是：有人任用就出来施展才能，没人任用就隐居起来，只有我和你能做到这一点吧。

颜渊死。子曰："噫！天丧予！天丧予！"（《论语·先进》）意思是：颜回死了，孔子说："唉，这是天要亡我啊！天要亡我啊！"

哀公问："弟子孰为好学？"孔子对曰："有颜回者好学，不迁怒，不贰过。不幸短命死矣。今也则亡，未闻好学者也。"（《论语·雍也》）意思是：鲁哀公问："你的弟子中谁比较好学？"孔子回答说："有一个叫颜回的学生好学，他从来都不把自己的怒气转移到别人身上，不重复犯同样的过错。但他不幸早死了，颜回死了，我就没有听说过有好学的人了。"

孔子搞过弟子德行、言语、政事、文学四个排行榜，颜回名列德行榜榜首。

曲阜颜庙

颜庙门前牌坊
正中四个大字：卓冠贤科

25. 子曰："质胜文则野，文胜质则史。文质彬彬，然后君子。"（6.18）

【注释】 质：质朴、自然，无修饰的。文：文采，经过修饰的。野：此处指粗鲁、鄙野。史：文辞繁多，这里有虚伪、浮夸的意思。彬彬：指文与质的配合很恰当。

译文 孔子说："质朴多于文采，就流于粗俗；文采多于质朴，就流于虚伪、浮夸。只有质朴和文采配合恰当，才是个君子。"

评析

孔子强调文质兼美，即思想内容和艺术形式都要好。

说文解字

文

其甲骨文、金文像人胸脯上的花纹。古代有些少数民族有披发文身的习惯，《礼记·王制》记载："东方曰夷，被发文身。"意思是：东方的少数民族叫作夷人，他们披散头发，身上刺着花纹。小篆也采用这种写法，但省略了胸上的花纹，因而也像器物上的花纹。本义为花纹，是"纹"的本字。后来发展出文字、文章、文采的意思，这些都是引申义。

甲骨文	金文	小篆

彩陶纹

文字知识

世界本来有三大古文字，可惜……

世界本来有三大古文字。最早的文字，出现在5000多年以前的两河流域（古巴比伦）。那是一种楔形文字，也叫钉头文字，因为它的形状像钉头。楔形文字是两河流域苏美尔人使用的文字。第二种是古埃及人创造的圣书字，约产生于5000年前。第三种是我国殷商时期的甲骨文，约出现在商朝晚期。甲骨文记录和反映了商朝的政治和经济情况，内容一般是占卜所问之事或者占卜所得结果。殷商灭亡，周朝兴起之后，甲骨文还使用了一段时期，是研究商周时期社会历史的重要资料。

这三大古文字中，楔形文字和圣书字早已在历史的烟尘中消亡，唯有甲骨文演变成现代汉字，汉字也成为世界上唯一使用至今的文字。汉字使用地域相当广阔，中国、越南、朝鲜、日本等国家和地区形成了"汉字文化圈"，再加上遍布世界各地的华裔、华侨，使用汉字的地域可谓遍布世界。

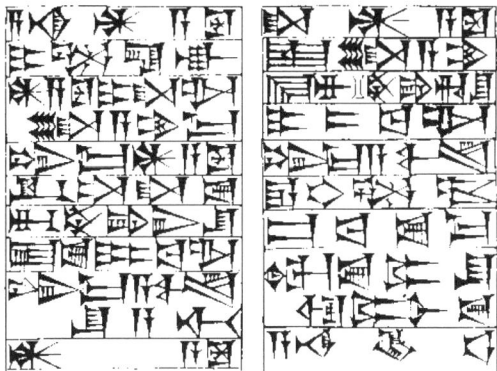

楔形文字

圣书字

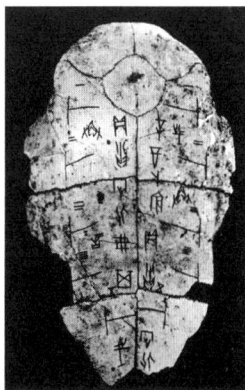

甲骨文

| 相关人物 |

孔子：文质兼美、文质彬彬的语言艺术家

孔子是一个才华横溢的人，他有多种才能，说话也才华横溢，说出来的话往往闪烁着思想和智慧的光芒。读《论语》，你会发现孔子的话里有许多比喻句，有许多对偶句，还有大量的排比句。比喻，可使语言生动形象，道理深入浅出。对偶，可使句式整齐，音韵和谐，读起来朗朗上口，听起来铿锵悦耳。排比，可使说出来的话一串一串的，语气强烈，语势酣畅，如长江大河汩汩滔滔。孔子还善于运用对比、顶真、设问、反问、反复、叠音等修

辞手法。（后面"论语问答"中，有专门介绍孔子说话特点的内容，可参见。）

孔子说过："质胜文则野，文胜质则史。文质彬彬，然后君子。"其实，孔子就是一个文质兼美、文质彬彬的语言艺术家。

26．子曰："知之者不如好之者，好之者不如乐之者。"（6.20）

注释　好：爱好、喜好。乐：以……为乐。

译文　孔子说："对于学问，知道的不如爱好的，爱好的不如乐在其中的。"

评析

　　学习，感到快乐才能达到高境界。如果不喜欢所学习的内容、学科，没有感到学习的快乐，是难以取得优异成绩的。选取专业、工作行业也是如此。

文言课堂

意动用法

　　"意动用法"是古汉语中的重要语法现象之一。"意动"中的"意"，就是"主观认为""主观上当作"的意思。例如"不耻下问"就是不认为"下问"是耻辱。"好之者不如乐之者"的"乐之"就是"认为乐"。

　　意动用法一般可译为"认为……""以……为……""对……感到……"等。

　　"意动用法"仍然保留在现代汉语中，例如：不远万里、鱼肉百姓、千金一刻、是古非今、口是心非、重文轻理、重男轻女、厚此薄彼、草菅人命、幕天席地、游戏人生、幸灾乐祸等。

27．子曰："中庸之为德也，其至矣乎！民鲜久矣。"（6.29）

注释

中庸：儒家提倡的一种最高道德。至：最高，到极点。鲜（xiǎn）：少。

译文

孔子说："中庸作为一种道德，该是最高的了吧！人们缺少这种道德已经很久了。"

评析

孔子特别赞赏和提倡"中庸"的思想，什么是"中庸"？见下文。

小知识

中庸

"中庸"的解释很多，但大多很玄。中庸，有人理解是中立、平庸、折中主义。这更不对。这里告诉你一种既正确又简单的解释。

《中庸》郑玄注："中庸者，以其记中和之为用也。"据此，中，就是"中和"；庸，就是"用"。那么"中和"是什么意思？中，就是正；和，就是和谐。《说文解字》就说："中，正也。"也就是说，中庸，就是坚持正确意见，坚持正义。当年我的恩师、一位在国学方面有很深造诣的学者张孝纯先生也告诉我："中者，正也；庸者，用也。"那么，中庸，就是坚持正确意见，坚持正义。

《中庸》又是一本书名，见下文。

子思和《中庸》

《中庸》是一篇论述儒家人性修养的散文，原是《礼记》第三十一篇，相传为孔子嫡孙子思所作。南宋朱熹作《中庸集注》，最终把《中庸》和《大学》《论语》《孟子》并称为"四书"。宋元以后，《中庸》成为学校官定的教科书和科举考试的必读书，对中国古代教育产生了极大的影响。

28．夫仁者，己欲立而立人，己欲达而达人。（6.30）

注释

夫：发语词，无实际意义。立：立身，立于世。达：通达，发达。

译文

仁人，要想自己站得住，也要帮助别人一同站得住；要想自己发达，也要帮助别人一同发达。

评析

因此形成一个成语——立人达人，指帮助人建立功业，提高地位。

故事

曾国藩立人达人

曾国藩特别注重"自立立人，自达达人"。他的日记、家书中有许多这方面的内容。例如他给儿子的遗嘱中就有这样一段话："孔门教人，莫大于求仁，而其最切者，莫要于欲立立人，欲达达人。"

曾国藩培育人才有自己一套做法：广收、慎用、勤教、严绳。这样做的结果是，曾国藩一生桃李满天下，他的门生故吏大都身居高位，显赫一时，例如李鸿章、左宗棠、胡林翼、郭嵩焘、沈葆桢等。有人统计了曾国藩从湘军系统栽培、带领出来的人才：大学士2人（李鸿章、左宗棠）；军机大臣2人（左宗棠、钱应溥）；封疆大吏和部院堂官23人（丁日昌、沈葆桢等）；布政使、按察使、盐运使26人；提督、总兵各2人；著名科学家、教育家、文学家、学者13人。

最盛的是同治初年，全国8个总督，5个出自曾国藩门下；14个巡抚，8个出于湘军阵营；副省级的职位有53位之多，省以下的更无法统计。

使动用法

"使动用法"是古代汉语中重要的语法现象之一。所谓"使动",就是指动词和它的宾语不是一般的支配与被支配的关系,而是"使宾语怎么样"的意思。例如"惊天地,泣鬼神"中,惊表示"使……震惊",泣表示"使……悲泣"。"己欲立而立人,己欲达而达人"中,立人表示"使人自立",达人表示"使人通达"。

"使动用法"仍然保留在现代汉语中,例如:繁荣经济、巩固国防、富国强兵、丰衣足食、安邦定国、惊天动地、惊心动魄、惊世骇俗、凄神寒骨、苦其心志、劳其筋骨、飞沙走石、既来之则安之等。

述而第七

本篇概述

篇名取自首章孔子的自我评价"述而不作，信而好古"，意思是"我仅传述既有内容而不进行创始性的工作"。但事实上，他对既有内容的传述过程中也包含了创始性的工作。本篇共38章，是学者研究孔子和儒家思想引述较多的篇章之一。主要内容包括：

孔子的教育思想；孔子论学习态度；孔子对仁德等道德观念的阐释；记录孔子的容貌和言行。

《述而》全文

1. 子曰："述而不作，信而好古，窃比于我老彭。"

2. 子曰："默而识之，学而不厌，诲人不倦，何有于我哉？"

3. 子曰："德之不修，学之不讲，闻义不能徙，不善不能改，是吾忧也。"

4. 子之燕居，申申如也，夭夭如也。

5. 子曰："甚矣吾衰也！久矣吾不复梦见周公。"

6. 子曰："志于道，据于德，依于仁，游于艺。"

7. 子曰："自行束脩以上，吾未尝无诲焉。"

8. 子曰："不愤不启，不悱不发。举一隅不以三隅反，则不复也。"

9. 子食于有丧者之侧，未尝饱也。

10. 子于是日哭，则不歌。

11. 子谓颜渊曰："用之则行，舍之则藏，惟我与尔有是夫！"子路曰："子行三军，则谁与？"子曰："暴虎冯河，死而无悔者，吾不与也。必也临事而惧，好谋而成者也。"

12. 子曰："富而可求也，虽执鞭之士，吾亦为之。如不可求，从吾所好。"

13. 子之所慎：齐、战、疾。

14. 子在齐闻《韶》，三月不知肉味。曰："不图为乐之至于斯也。"

15. 冉有曰："夫子为卫君乎？"子贡曰："诺。吾将问之。"入，曰："伯夷、叔齐何人也？"曰："古之贤人也。"曰："怨乎？"曰："求仁而得仁，又何怨？"出，曰："夫子不为也。"

16. 子曰："饭疏食，饮水，曲肱而枕之，乐亦在其中矣。不义而富且贵，于我如浮云。"

17. 子曰："加我数年，五十以学《易》，可以无大过矣。"

18. 子所雅言，《诗》、《书》、执礼，皆雅言也。

19. 叶公问孔子于子路，子路不对。子曰："女奚不曰：其为人也，发愤忘食，乐以忘忧，不知老之将至云尔。"

20. 子曰："我非生而知之者，好古，敏以求之者也。"

21. 子不语：怪、力、乱、神。

22. 子曰："三人行，必有我师焉；择其善者而从之，其不善者而改之。"

23. 子曰："天生德于予，恒魋其如予何？"

24. 子曰："二三子以我为隐乎？吾无隐乎尔。吾无行而不与二三子者，是丘也。"

25. 子以四教：文、行、忠、信。

26. 子曰："圣人，吾不得而见之矣；得见君子者，斯可矣。"子曰："善人，吾不得而见之矣；得见有恒者，斯可矣。亡而为有，虚而为盈，约而为泰，难乎有恒矣。"

27. 子钓而不纲，弋不射宿。

28. 子曰："盖有不知而作之者，我无是也。多闻，择其善者而从之；多见而识之，知之次也。"

29. 互乡难与言，童子见，门人惑。子曰："与其进也，不与其退也，唯何甚？人洁己以进，与其洁也，不保其往也。"

30. 子曰："仁远乎哉？我欲仁，斯仁至矣。"

31. 陈司败问："昭公知礼乎？"孔子曰："知礼。"孔子退，揖巫马期而进之，曰："吾闻君子不党，君子亦党乎？君取于吴，为同姓，谓之吴孟子。君而知礼，孰不知礼？"巫马期以告。子曰："丘也幸，苟有过，人必知之。"

32. 子与人歌而善，必使反之，而后和之。

33. 子曰："文，莫吾犹人也。躬行君子，则吾未之有得。"

34. 子曰："若圣与仁，则吾岂敢？抑为之不厌，诲人不倦，则可谓云尔已矣。"公西华曰："正唯弟子不能学也。"

35. 子疾病，子路请祷。子曰："有诸？"子路对曰："有之。诔曰：'祷尔于上下神祇。'"子曰："丘之祷久矣。"

36. 子曰："奢则不孙，俭则固。与其不孙也，宁固。"

37. 子曰："君子坦荡荡，小人长戚戚。"

38. 子温而厉，威而不猛，恭而安。

29. 子曰："默而识之，学而不厌，诲人不倦，何有于我哉？"（7.2）

注释 识（zhì）：同"志"，记住。厌：满足。诲：教导。何有于我哉：对我而言，做到了哪一样呢？

译文 孔子说："默默地记住（所学的知识），学习永不满足，教育人不知道疲倦，对我而言，做到了哪一样呢？"

说明 对我而言，做到了哪一样呢？这是孔子谦虚的说法，实际上孔子是"学而不厌、诲人不倦"的典范。请看下面的典故。

典故

韦编三绝

韦编，是用熟牛皮绳把竹简编联起来；三，多次；绝，断。编联竹简的皮绳断了多次。比喻读书勤奋。这说的是孔子。孔子学而不厌，诲人不倦。

《史记·孔子世家》记载："孔子晚而喜《易》……读《易》，韦编三绝。"意思是孔子晚年最喜欢读《易经》，而且十分勤奋，由于看得多，以致把编联《易经》的皮绳都翻断了多次。

30．子曰："德之不修，学之不讲，闻义不能徙，不善不能改，是吾忧也。"（7.3）

注释 之：这里无实际意义，是宾语前置的标志。徙（xǐ）：迁移，此处有靠近、做到之义。

译文 孔子说："（许多人）不去修养品德，不去讲求学问，听到义不能去做，不善的言行不能改正，这些都是我所忧虑的。"

|评析|

孔子把道德修养、读书学习和知错即改三个方面相提并论，在他看来，三者都很重要，都做到了，修养才可以提升，知识才可以丰富。

|典故|

孔子的三条忧虑

孔子的忧虑，除了"德之不修，学之不讲，闻义不能徙，不善不能改"之外，还有两条：

饱食终日，无所用心，难矣哉！（《论语·阳货》）

意思是整天吃饱了饭，不肯动脑筋去做点事，这种人是很难造就的呀！

群居终日，言不及义，好行小慧，难矣哉！（《论语·卫灵公》）

意思是和大家整天混在一起，不说一句有道理的话，只是卖弄小聪明，这种人是很难造就的呀！

一日不做事，一日不吃饭

唐朝有一位著名僧人百丈禅师（约720—814），因为他居住在江西百丈山，所以称百丈禅师。百丈禅师常常用一句格言教训弟子："一日不做事，一日不吃饭。"他每日除上堂说法之外，还要自己扫地、擦桌子、洗衣服，直到八十岁，日日如此。有一回，他的门生想替他服务，把他本日应做的工都悄悄地做了，这位言行一致的老禅师，那一天便不肯吃饭。

31．子曰："志于道，据于德，依于仁，游于艺。"（7.6）

注释

游：畅游，优游其中，如同鱼自在游于水中一般；也就是通过熟练掌握技艺而获得自由和愉快。

艺：孔子教授学生的六门功课——礼、乐、射、御、书、数。

译文

孔子说："以道为志向，以德为根据，以仁为凭借，以六艺为基本活动。"

评析

这是孔子给学生制定的理想目标和行为规范。

人物

多才多艺的孔子

现在学校的老师，一般只教一门课程，能教两门的，就很稀少了；能教多门的，更是凤毛麟角。但是孔子办学，却开设六门课程，即"六艺"，而且亲自授课，亲任校长。可见孔子是一个多才多艺的人。

"六艺"的解释有两种：一种是六门课程，即礼、乐、射、御、书、数。其中，礼即礼仪（相当于现在的品德修养）；乐即音乐（包括云门、大咸、大韶等六种古乐，而且包括器乐和声乐）；射即射骑技术；御即驾驭马车的技术；书包括书写，识字，作文；数为算数和术数，术数是用易经和阴阳五行观念解释世间万物。第二种是解释为六经，即《诗经》《尚书》《礼记》《易经》《乐经》《春秋》。

不论哪种，都说明孔子是多才多艺、文武全才的。他通六经，懂古代礼仪，会弹琴，会射箭，会驾车，还懂数学和术数。

更令人惊异的是，孔子还是"武林高手"，否则他凭什么教授射、御等课程呢？

孔子是个大力士

《列子·说符》记载："孔子之劲，能拓国门之关。"意思是孔子是个大力士，能够双手举起城门门闩。

有一个成语叫拓关扛鼎，拓关，即举起城门门闩；扛鼎，即举起大鼎。拓关扛鼎是春秋时代练力和量力的方法。

孔子善御

《论语·子罕》记载："达巷党人曰：'大哉孔子！博学而无所成名。'子闻之，谓门弟子曰：'吾何执？执御乎？执射乎？吾执御矣。'"

古代五百家为一党，达巷是党名。达巷党人是说达巷党这地方的人。

上面记载的故事翻译过来就是：达巷党这个地方有人说："孔子真伟大啊！他学问渊博，因而不能只以某一方面的专长来称赞他。"孔子听说了，对他的学生说："我专长于哪个方面呢？是驾车呢？还是射箭呢？我还是驾车吧。"

孔子善射

《礼记·射义》一书记载："孔子射于矍相之圃，盖观者如堵墙。"意思是：有一次孔子表演射箭，观看的人里三层外三层，跟围墙似的水泄不通。可见其射术之高超。

孔子学琴

孔子向师襄子学琴，学了十天仍没有学习新曲子，师襄子对他说："可以增加学习内容了。"孔子说："我已经熟悉乐曲的形式，但还没有掌握方法。"过了一段时间，师襄子说："你已经会弹奏的技巧了，可以增加学习内容了。"孔子说："我还没有领会曲子的意境。"过了一段时间，师襄子说："你已经领会了曲子的意境，可以增加学习内容了。"孔子说："我还不了解作者。"又过了一段时间，孔子神情俨然，仿佛进到新的境界：时而神情庄重穆然，若有所思；时而怡然高望，志意深远。孔子说："我知道他是谁了：那人皮肤深黑，体形颀长，眼光明亮远大，像个统治四方诸侯的王者，若不是周文王，还有谁能撰作这首乐曲呢？"师襄子听到后，赶紧起身拜了两拜，回答道："老琴师传授此曲时就是这样说的，这支曲子叫作《文王操》啊！"

32. 子曰："不愤不启，不悱不发。举一隅不以三隅反，则不复也。"（7.8）

【注释】 愤：苦思冥想而仍然领会不了的样子。启：打开，开启，引申为开导、启发。悱（fěi）：想说又不能明确说出来的样子。隅（yú）：角落。

【译文】 孔子说："教导学生，不到他想弄明白而不得的时候，不去开导他；不到他想说却说不出来的时候，不去启发他。教给他一个知识，却不能推知三个相关知识，那就不再教他了。"

评析

这种"想弄明白而不得，想说却说不出来"的状态，就叫作"愤悱状态"。高明的老师往往都是先使学生达到愤悱状态，再传授知识。成语"举一反三"即出于此处。

子贡和颜回，谁更优秀?

据《论语·公冶长》记载，孔子问子贡："你和颜回相比，谁更优秀呢?"子贡回答："我怎么敢和颜回相比呢? 颜回能闻一知十，我只能闻一知二。"孔子说："是不如他，我同意你说的，是不如他呀。"

颜回是孔子最得意的学生，他不但勤于学习，而且能做到闻一知十。这是他最可贵的学习品质。因此孔子对他大加赞扬，还希望其他弟子都能像颜回那样由此及彼，举一反三，闻一知十。

33. 子曰："饭疏食，饮水，曲肱而枕之，乐亦在其中矣。不义而富且贵，于我如浮云。"（7.16）

注释 疏食：粗粮。肱（gōng）：胳膊。

译文 孔子说："吃粗粮，喝凉水，弯过胳膊当枕头，（学习的）乐趣也就在这中间了。用不正当的手段得来的富贵，对于我来讲就像是天上的浮云一样。"

评析

提倡君子要安贫乐道，发愤苦读；强调君子要取财有道，不取不义之财。"饭疏食，饮水"的"水"，是指凉水，理由如下。

说文解字

"水"和"汤"

在古汉语中，汤，指开水、热水。如：扬汤止沸、赴汤蹈火、固若金汤。水，则指"河水"或"凉水"。小篆写作河

水

小篆

水的形状。所以《论语》中说"饭疏食，饮水"是喝凉水。如果是喝热水，就该说"饭疏食，饮汤"了。

34．子曰："我非生而知之者，好古，敏以求之者也。"（7.20）

注释

敏：勤勉，努力。

译文

孔子说："我不是生来就有知识的人，而是爱好古代文化，勤奋地学习知识的人。"

评析

孔子把人分成四等："生而知之者，上也；学而知之者，次也；困而学之，又其次也；困而不学，民斯为下矣。"但他否认自己是"生而知之者"，认为自己是"学而知之者"：之所以成为学识渊博的人，在于"好古，敏以求之"，即爱好古代的典章制度和文献图书，而且勤奋刻苦。

答疑

孔子为什么多才多艺？

前文说，孔子学识渊博，且多才多艺，那么他为什么多才多艺？

据《论语·子罕》记载，百官之长太宰也有这个问题，有一天他问子贡："孔夫子是圣人吗？为什么如此多才多艺？"子贡说："那是老天爷骄纵他，让他成为圣人，又让他多才多艺的。"孔子听说后谦逊地说："我小时候生活艰难，所以学会了许多被人鄙视的技艺。贵族会有这么多技艺吗？不会的。"另一弟子琴牢则说："夫子曾说过，因为年轻时没有机会做官，就学会了许多技艺。"

归结起来，为什么多才多艺，孔子认为有两个原因：一是"好古，敏以求之"；二是由于年轻时生活比较清贫，所以掌握了许多谋生的技艺。

|原文|

太宰问于子贡曰："夫子圣者与？何其多能也？"子贡曰："固天纵之将圣，又多能也。"子闻之，曰："太宰知我乎？吾少也贱，故多能鄙事。君子多乎哉？不多也。"牢曰："子云：'吾不试，故艺。'"

35．子不语：怪、力、乱、神。（7.21）

|注释|

语：谈论。

|译文|

孔子不谈论怪异、暴力、叛乱、鬼神。

|趣事|

子贡刁难孔子，孔子会被难住吗？

孔子的弟子，除了颜回，有时也刁难他们的老师，故意问一些很难回答的问题，连子贡也不例外。据《孔子家语》记载，有次子贡就问了个难题："死了的人，是有知觉，还是没有知觉？"子贡这样问是有针对性的，就是"子不语怪力乱神"。而《论语·先进》还记载：季路问事鬼神。子曰："未能事人，焉能事鬼？"曰："敢问死。"曰："未知生，焉知死？"由此推测，当时社会"语怪力乱神"的显然很多，而孔子偏偏"不语怪力乱神"。也许子贡这位有探究精神的学生真的很困惑，也许他想难为老师，就提了这样一个问题。

孔子显然明白子贡在出难题：要说有呢，恐怕孝子贤孙们都去照顾死者而妨害了生存；要说没有呢，恐怕以后长辈死了不孝子孙连埋都不肯埋了。于是想了想回答："你想知道死人有没有知觉，这事不急，你死了不就知道了吗？"

36．子曰：“三人行，必有我师焉；择其善者而从之，其不善者而改之。”（7.22）

注释 焉：于之，于此。

译文 孔子说：“三个人一起走路，其中必定有人可以做我的老师。我选择他好的品格向他学习，他不好的地方就作为借鉴，改掉自己同样的毛病。”

答疑

三人行一定有我师吗？

有同学质疑：三人行一定有我师吗？如果同行的都是坏人，怎能当老师呢？

朱熹对此解释：“三人同行，其一我也，彼二人者，一善一恶，则我从其善而改其恶焉，是二人者皆我师也。”（《论语集注》）

原来朱熹是将“善者”当正面的老师，将“不善者”当反面的老师。

37．子以四教：文、行、忠、信。（7.25）

注释 文：文献、古籍等。行：德行。忠：尽职尽责，对人尽心竭力。信：诚实、诚信。

译文 孔子以文、行、忠、信四项内容教授学生。

评析

这里所说的“行”，还指实践，即在实践中增长知识和才干。忠、信，则是属于道德修养。

桂林公园的四教厅

上海的桂林公园有一个"四教厅"，是公园的主要建筑。

"四教"就是"文、行、忠、信"，孔子主张用这四项内容教授学生。四教厅的门窗、梁柱、房檐上，都刻有"文、行、忠、信"的历史故事浮雕。

38．子曰："君子坦荡荡，小人长戚戚。"（7.37）

注释

坦荡荡：心胸宽广、宽容。戚戚：忧愁、烦恼的样子。

译义

孔子说："君子心胸宽广，小人经常忧愁，患得患失。"

评析

孔子在这里强调，君子应当有宽广的胸怀，不计个人利害得失。心胸狭窄，时常为自己的境遇、利益忧愁不安的人，不可能成为君子。

小知识

君子的含义

君子，最初是贵族男子的通称，常与"小人"或"野人"对应，没有道德含义。最有力的证明是《诗经·伐檀》：

坎坎伐檀兮，置之河之干兮，河水清且涟猗。

不稼不穑，胡取禾三百廛兮？

不狩不猎，胡瞻尔庭有县貆兮？

彼君子兮，不素餐兮！

这首诗意思是：叮叮咚咚来把檀树砍，砍下檀树放河边，河水清清水上起波澜。你不耕种也不收割，凭什么千捆万捆往家搬？上山打猎你不管，凭什么你家满院挂猪獾？那些个大人先生啊，可不白白吃闲饭！

这是一首痛斥和讽刺奴隶主的民歌，奴隶主这样不劳而获，却还称他"君子"，可见"君子"只指贵族男子。

但后来，"君子"指人格高尚、品行高洁之人。而《论语》中的"君子"和"小人"，尽管也残留着社会地位上的区分，但基本上以"德行"作为君子和小人的区别。例如"君子坦荡荡，小人长戚戚"、"君子成人之美，不成人之恶"、"君子固穷，小人穷斯滥矣"等。

小资料

君子和小人的十大区别

君子和小人究竟有什么区别呢？孔子告诉我们十条标准：

看胸襟：君子坦荡荡，小人长戚戚。

看交友：君子周而不比，小人比而不周。

看兴趣：君子喻于义，小人喻于利。

看是非：君子成人之美，不成人之恶。小人反是。

看言行：君子和而不同，小人同而不和。

看气质：君子泰而不骄，小人骄而不泰。

看志向：君子上达，小人下达。

看追求：君子怀德，小人怀土；君子怀刑，小人怀惠。

看人品：君子求诸己，小人求诸人。

看抉择：君子固穷，小人穷斯滥矣。

39．子温而厉，威而不猛，恭而安。（7.38）

【译文】孔子温和而又严厉，威严而不凶猛，庄重而又安详。

评析

这句话揭示了孔子的风度气质，说他外表温和，容易让人接近，但又显露肃穆与威严，让人从心底生出一股敬意。人们一般很难做到这一点。

美育课堂

你的气质里，藏着读过的诗书

在你心灰意冷的时候，"长风破浪会有时，直挂云帆济沧海"，会让你满血复活，重整旗鼓；在你孤独寂寞的时候，"但愿人长久，千里共婵娟"，让你既感动又忧伤，让你在独处的时刻足够坚强；在你遇到挫折的时候，"莫听穿林打叶声，何妨吟啸且徐行"，会让你明白，少一点计较，多一点气量，世间处处都有好风光。

你和家人一同登上泰山，你会脱口而出："会当凌绝顶，一览众山小"；中秋佳节，你想念远在海外的亲人，给他发微信说"海上生明月，天涯共此时"；你和老同学聚会，喝酒唱歌，免不了感慨一下"人生得意须尽欢，莫使金樽空对月"。

泰伯第八

篇名取自首章"泰伯，其可谓至德也已矣"的前两个字。本篇共21章，基本内容主要是孔子和曾子的言论及其对古人的评论，包括：

对尧舜禹等先王的评价；孔子的教育思想和教学方法；孔子的道德思想。

《泰伯》全文

1. 子曰："泰伯，其可谓至德也已矣。三以天下让，民无得而称焉。"

2. 子曰："恭而无礼则劳，慎而无礼则葸，勇而无礼则乱，直而无礼则绞。君子笃于亲，则民兴于仁；故旧不遗，则民不偷。"

3. 曾子有疾，召门弟子曰："启予足！启予手！《诗》云：'战战兢兢，如临深渊，如履薄冰。'而今而后，吾知免夫！小子！"

4. 曾子有疾，孟敬子问之。曾子言曰："鸟之将死，其鸣也哀；人之将死，其言也善。君子所贵乎道者三：动容貌，斯远暴慢矣；正颜色，斯近信矣；出辞气，斯远鄙倍矣。笾豆之事，则有司存。"

5. 曾子曰："以能问于不能，以多问于寡；有若无，实若虚，犯而不校。昔者吾友尝从事于斯矣。"

6. 曾子曰："可以托六尺之孤，可以寄百里之命，临大节而不可夺也。君子人与？君子人也。"

7. 曾子曰："士不可以不弘毅，任重而道远。仁以为己任，不亦重乎？

死而后已，不亦远乎?"

8.子曰："兴于诗，立于礼，成于乐。"

9.子曰："民可使由之，不可使知之。"

10.子曰："好勇疾贫，乱也。人而不仁，疾之已甚，乱也。"

11.子曰："如有周公之才之美，使骄且吝，其余不足观也已。"

12.子曰："三年学，不至于谷，不易得也。"

13.子曰："笃信好学，守死善道。危邦不入，乱邦不居。天下有道则见，无道则隐。邦有道，贫且贱焉，耻也。邦无道，富且贵焉，耻也。"

14.子曰："不在其位，不谋其政。"

15.子曰："师挚之始，《关雎》之乱，洋洋乎盈耳哉!"

16.子曰："狂而不直，侗而不愿，悾悾而不信，吾不知之矣。"

17.子曰："学如不及，犹恐失之。"

18.子曰："巍巍乎，舜、禹之有天下也，而不与焉!"

19.子曰："大哉尧之为君也! 巍巍乎! 唯天为大，唯尧则之。荡荡乎! 民无能名焉。巍巍乎其有成功也! 焕乎其有文章!"

20.舜有臣五人而天下治。武王曰："予有乱臣十人。"孔子曰："才难，不其然乎? 唐、虞之际，于斯为盛。有妇人焉，九人而已。三分天下有其二，以服事殷。周之德，其可谓至德也已矣。"

21.子曰："禹，吾无间然矣。菲饮食而致孝乎鬼神，恶衣服而致美乎黻冕，卑宫室而尽力乎沟洫。禹，吾无间然矣。"

40.曾子曰："士不可以不弘毅，任重而道远。仁以为己任，不亦重乎? 死而后已，不亦远乎?"（8.7）

【注释】士：有知识、有本领或有特殊社会地位的人。弘毅：胸怀宽广，意志坚定。仁以为己任：以仁为己任，把实现仁当作自己的使命。已：停止。

【译文】曾子说："士人不可以不胸怀宽广、意志坚定，因为他肩负着重大的使命，路程又很遥远。把实现'仁'的理想当作自己的使命，不是很重大吗? 到死才停止奋斗，不是很遥远吗?"

古代的"士"

"士",在上古是掌刑狱之官。在商、西周、春秋为贵族阶层,多为卿大夫的家臣。春秋末年,逐渐成为统治阶级中知识分子的统称。战国时的"士"大致分为四种:

①著书立说的学士,孔子的弟子多属于这一种;

②为知己者死的勇士,例如荆轲、豫让;

③为人出谋划策的策士,如客孟尝君的冯谖,合纵连横的苏秦、张仪;

④懂阴阳历算法的方士,例如《塞翁失马》中的那个"善术者"。

成语

鞠躬尽瘁,死而后已

"死而后已"常和"鞠躬尽瘁"连用,"鞠躬尽瘁,死而后已"意思是勤勤恳恳,竭尽心力,一直到死为止。多用来形容人的伟大。这个成语出自诸葛亮的《后出师表》。

诸葛亮协助刘备在成都建立了蜀汉政权,一心想帮助刘备完成统一全国、兴复汉室的大业。刘备死后,诸葛亮担起了辅助刘禅治理蜀国的重任。他事必躬亲,尽心尽责,很快使蜀国强盛起来。他先后六次率军攻打魏国,争夺中原的控制权。228年冬天,诸葛亮又一次集结军队,出兵北伐。出师之前,他给刘禅写了一篇"表"(古代向帝王上书陈情言事的一种文体),就是《后出师表》,分析当时的形势,表明北伐的决心。文章结尾部分,他写道"臣鞠躬尽力,死而后已",表明自己要勤勤恳恳,拿出全部力量,一直到死为止。诸葛亮率领大军北上,但蜀魏力量相差太大,未能彻底取胜,最后病死在军营之中。后来,此句演变为"鞠躬尽瘁,死而后已",表示呕心沥血、竭尽全力,贡献出自己的一切。

41．子曰：“兴于诗，立于礼，成于乐。”（8.8）

兴：开始。诗：《诗经》。

孔子说：“（人的修养）开始于学诗（《诗经》），自立于学礼，完成于学乐。”

评析

孔子认为，诗、礼、乐是教化民众的基础，也是教育的三种手段，必须恰当利用。由此可以看出，他要求学生不仅要讲品德修养，而且要有文学、艺术等方面的知识和技能。儒学昌明的地方，往往书声琅琅，弦歌不绝。

小资料

孔子与音乐

孔子是一位音乐大师，他会唱歌，会弹琴，而且对音乐作品具有很高的鉴赏能力。他在齐国听到了韶乐，立即如痴如醉，评价韶乐“尽美矣，又尽善也”（《论语·八佾》）。《论语·述而》记载：“子在齐闻《韶》，三月不知肉味。”三月不知肉味，说明沉醉在艺术之中。他还亲自教授音乐课，开设的六门课程（“礼乐射御书数”六艺）中有一门就是“乐”。他对音乐的作用还很有见解。

荀子与《乐论》

荀子（约前313—前238），名况，时人尊而号为“卿”，战国末赵国人，著名思想家、文学家，儒家思想的集大成者，并对儒家思想有所发展。

荀子非常重视“乐教”。他对“乐教”的认识在深度与广度上都比前人（包括孔子）前进了一大步，还专门写了一篇文章《乐论》。在《乐论》中他指出，“乐”对人来说是必不可少的——“夫乐者，乐也，人情之所不免也。故人不能无乐"。接着论述"乐"的作用：不但可以"善民心"，而且"入人也深"，"化人也速"，有巨大的教育、感染作用，能对整个社会的风俗民情乃至国家的治乱安危产生直接影响，因而历代贤明君主都"导之以礼乐而民和睦"。荀子还反复批评了"非乐"的思想，建议统治者"正其乐"，从而达到"治生"，即巩固统治的目的。

42．子曰："危邦不入，乱邦不居。天下有道则见，无道则隐。邦有道，贫且贱焉，耻也。邦无道，富且贵焉，耻也。"（8.13）

注释
邦：国家。见（xiàn）：同"现"。

译文
孔子说："不进入有危险的国家，不居住在动乱的国家。天下有道就出来做官；天下无道就隐居不仕。国家有道而自己贫贱，是耻辱；国家无道而自己富贵，也是耻辱。"

评析

世俗之人都想升官、发财，而孔子主张"天下有道则见，无道则隐"，认为"邦有道，贫且贱焉，耻也。邦无道，富且贵焉，耻也"，确实是高于世俗和常人的气节。

小知识

隐士

隐士，就是隐居不仕之士。首先他们都是"士"，即知识分子。知识分子历来是讲究出仕，修身齐家治国平天下的。但隐士不仕，他们或隐居乡村种田，如陶渊明；或遁迹江湖渔樵，如写下《渔歌子》的"烟波钓徒"张志和；或居于山野著书，如明亡后拒不仕清的顾炎武、黄宗羲、张岱。

隐士有真有假。真隐士都是在天下"无道"的时候，坚决不出仕，不与统治者合作。隐士的人格特点是安贫乐道，忧道不忧贫。他们认为"邦有道，贫且贱焉，耻也。邦无道，富且贵焉，耻也"。例如庄子看惯了诸侯尔虞我诈，便要到自然中去逍遥；陶渊明在仕途上倦了，便吟出"采菊东篱下，悠然见南山"。下面讲几个隐士的故事。

历史人物

庄子

惠施做了梁国的国相，庄子去看望他。有人告诉惠施说："庄子到梁国来，是想取代你做宰相。"于是惠施非常害怕，在国都搜捕了三天三夜，都没有找到庄子。

这时庄子主动前去见他，说："南方有一种鸟，它的名字叫鹓雏（yuān chú），你知道吗？它从南海起飞，到北海去，不是梧桐树不栖，不是竹子的果实不吃，不是甜美如醴的泉水不喝。此时猫头鹰拾到一只腐臭的老鼠，鹓雏从它上面飞过，猫头鹰仰头看着，发出'吓'的怒斥声。现在你也想用你的梁国来'吓'我吗？"

庄子在濮水边垂钓，楚王派两位大臣先行前往致意，说："楚王愿将国家大事劳累您。"庄子手把钓竿头也不回，说："我听说楚国有一神龟，已经死了三千年了，楚王用竹箱装着它，用锦绣覆盖着它，珍藏在宗庙里。这只神龟，是宁愿死去留下骨骸而显示尊贵呢，还是宁愿拖着尾巴活在泥水里

庄子陵园（河南省民权县）

庄子墓（河南省民权县）

呢?"两位大臣说:"宁愿拖着尾巴活在泥水里。"庄子说:"你们走吧!我将拖着尾巴活在泥水里。"

陶渊明不为五斗米折腰

陶渊明(约365—427),名潜,字元亮,别号五柳先生,东晋时浔阳柴桑(今江西九江)人。出身于仕宦家庭。曾祖陶侃是东晋开国元勋,官至大司马。祖父陶茂、父亲陶逸都做过太守。外祖父孟嘉是当时的名士。

陶渊明生活在一个战乱频繁、生灵涂炭的时代,做过江州祭酒等几任小官。40岁时任彭泽县令,到任才81天,上级派督邮至,属吏说:"当束带迎之。"他叹道:"我岂能为五斗米向乡里小儿折腰?"遂辞官归隐田园。此后一直躬耕僻野,过着俭朴的生活。

陶渊明有多篇作品表现他归隐后贫困但心灵宁静的生活,如《归园田居》《归去来兮辞》《饮酒》等。

陶渊明墓

竹林七贤

竹林七贤指的是魏晋时期的七位名士:嵇康、阮籍、山涛、向秀、刘伶、王戎及阮咸七人。因他们常在当时的山阳县(今河南云台山一带)竹林之下,喝酒纵歌,肆意酣畅,世谓竹林七贤。在历史上,竹林七贤是隐士的代表,他们以远离官场、淡泊名利而被后人传颂。

几首隐士诗

饮酒（其五）

陶渊明

结庐在人境，而无车马喧。

问君何能尔？心远地自偏。

采菊东篱下，悠然见南山。

山气日夕佳，飞鸟相与还。

此中有真意，欲辨已忘言。

过故人庄

孟浩然

故人具鸡黍，邀我至田家。

绿树村边合，青山郭外斜。

开轩面场圃，把酒话桑麻。

待到重阳日，还来就菊花。

竹里馆

王维

独坐幽篁里，弹琴复长啸。

深林人不知，明月来相照。

寻隐者不遇

贾岛

松下问童子，言师采药去。

只在此山中，云深不知处。

山园小梅

林逋

众芳摇落独暄妍，占尽风情向小园。

疏影横斜水清浅，暗香浮动月黄昏。

霜禽欲下先偷眼，粉蝶如知合断魂。

幸有微吟可相狎，不须檀板共金樽。

子罕第九

篇名取自首章"子罕言利",意思是孔子很少谈利益。本篇共31章,主要内容涉及:

孔子道德教育方面的思想;孔子弟子对老师的议论;记述孔子的某些活动和行事风格。

《子罕》全文

1. 子罕言利与命与仁。

2. 达巷党人曰:"大哉孔子!博学而无所成名。"子闻之,谓门弟子曰:"吾何执?执御乎?执射乎?吾执御矣。"

3. 子曰:"麻冕,礼也;今也纯,俭,吾从众。拜下,礼也;今拜乎上,泰也。虽违众,吾从下。"

4. 子绝四:毋意,毋必,毋固,毋我。

5. 子畏于匡,曰:"文王既没,文不在兹乎?天之将丧斯文也,后死者不得与于斯文也;天之未丧斯文也,匡人其如予何?"

6. 太宰问于子贡曰:"夫子圣者与?何其多能也?"子贡曰:"固天纵之将圣,又多能也。"子闻之,曰:"太宰知我乎!吾少也贱,故多能鄙事。君子多乎哉?不多也。"

7. 牢曰:"子云:'吾不试,故艺。'"

8. 子曰："吾有知乎哉？无知也。有鄙夫问于我，空空如也。我叩其两端而竭焉。"

9. 子曰："凤鸟不至，河不出图，吾已矣夫！"

10. 子见齐衰者、冕衣裳者与瞽者，见之，虽少，必作；过之，必趋。

11. 颜渊喟然叹曰："仰之弥高，钻之弥坚。瞻之在前，忽焉在后。夫子循循然善诱人，博我以文，约我以礼，欲罢不能。既竭吾才，如有所立卓尔。虽欲从之，末由也矣。"

12. 子疾病，子路使门人为臣。病间，曰："久矣哉，由之行诈也！无臣而为有臣。吾谁欺？欺天乎？且予与其死于臣之手也，无宁死于二三子之手乎？且予纵不得大葬，予死于道路乎？"

13. 子贡曰："有美玉于斯，韫椟而藏诸？求善贾而沽诸？"子曰："沽之哉！沽之哉！我待贾者也。"

14. 子欲居九夷。或曰："陋，如之何？"子曰："君子居之，何陋之有？"

15. 子曰："吾自卫反鲁，然后乐正，《雅》《颂》各得其所。"

16. 子曰："出则事公卿，入则事父兄，丧事不敢不勉，不为酒困，何有于我哉？"

17. 子在川上曰："逝者如斯夫，不舍昼夜。"

18. 子曰："吾未见好德如好色者也。"

19. 子曰："譬如为山，未成一篑，止，吾止也。譬如平地，虽覆一篑，进，吾往也。"

20. 子曰："语之而不惰者，其回也与！"

21. 子谓颜渊曰："惜乎！吾见其进也，未见其止也。"

22. 子曰："苗而不秀者有矣夫！秀而不实者有矣夫！"

23. 子曰："后生可畏，焉知来者之不如今也？四十、五十而无闻焉，斯亦不足畏也已。"

24. 子曰："法语之言，能无从乎？改之为贵。巽与之言，能无说乎？绎之为贵。说而不绎，从而不改，吾未如之何也已矣。"

25. 子曰："主忠信，毋友不如己者，过则勿惮改。"

26. 子曰："三军可夺帅也，匹夫不可夺志也。"

27. 子曰："衣敝缊袍，与衣狐貉者立，而不耻者，其由也与？'不忮不求，何用不臧?'"子路终身诵之。子曰："是道也，何足以臧?"

28．子曰："岁寒，然后知松柏之后凋也。"

29．子曰："知者不惑，仁者不忧，勇者不惧。"

30．子曰："可与共学，未可与适道；可与适道，未可与立；可与立，未可与权。"

31．"唐棣之华，偏其反而。岂不尔思? 室是远而。"子曰："未之思也，夫何远之有?"

43．子绝四：毋意，毋必，毋固，毋我。（9.4）

注释

毋（wú）：不要，不；无。

意：同"臆"，猜想、猜疑。必：必定。

固：固执己见。我：自私之心。

译文

孔子杜绝了四种弊病：没有主观猜疑，没有独断专行，没有固执己见，没有自私之心。

寓言

疑人窃斧

从前，有个人丢了一把斧子。他怀疑是邻居家的孩子偷的，就暗暗地注意那个孩子。看他走路的姿势，像是偷了斧子的；观察他的神色，也像是偷了斧子的样子；听他说话的语气，更像是偷了斧子的。总之在他的眼里，那孩子的一举一动都像是偷斧子的。

不久，他在刨坑的时候，找到了那把斧子。原来是他自己遗忘在坑里了。从此以后，他再看邻居家孩子，一举一动丝毫也不像偷过斧子的样子。

疑人窃斧，就是典型的主观臆测。

44．太宰问于子贡曰："夫子圣者与？何其多能也？"子贡曰："固天纵之将圣，又多能也。"子闻之，曰："太宰知我乎！吾少也贱，故多能鄙事。君子多乎哉？不多也。"（9.6）

注释 太宰：官名，掌管国君宫廷事务。纵：让，使。鄙事：卑贱的事情。

译文 太宰问子贡："孔夫子是位圣人吧？为什么这样多才多艺呢？"子贡说："这本是上天让他成为圣人，而且使他多才多艺。"孔子听到后说："太宰怎么会了解我呢？我少年时地位低贱，所以学会了许多卑贱的技艺。君子掌握这些技艺的多吗？不多嘛。"

评析

　　子贡认为自己的老师是天才，是上天赋予他多才多艺。但孔子否认这一点，说自己少年低贱，要谋生，就要多掌握一些技艺。

小知识

孔子的"贱"与"鄙"

　　孔子幼年丧父，家境衰落，与母亲相依为命，孤苦度日。他曾说过："吾少也贱，故多能鄙事。"他所说的"贱"，是指年轻时曾做过属于低级职务的小吏。什么小吏呢？一是"委吏"，即仓库管理员；二是"乘田"，管放牧牛羊。

　　虽然生活贫苦，但孔子十五岁即"志于学"，由于刻苦勤奋，使他掌握了许多技艺（即他谦称的"鄙事"），成了一个多才多艺的人。现在当老师的，一般只教一门课，而孔子一人却开设了六门课程，称为"六艺"，即：礼、乐、射、御、书、数。这相当于今天的思想品德、音乐、射箭、驾车、文史、数学等。还要注意，他不仅亲自任课，而且学校也是他亲自开办的，实际上等于亲自担任校长，负责学校的全面工作。后来，他还周游列国，游

77

说各国国君，宣传自己的思想和政治主张；还担任过鲁国"司寇"（古代主管刑狱的官名）；晚年还著书立说，留下许多重要典籍。

所以太宰会感叹："夫子圣者与？何其多能也?"而子贡认为："固天纵之将圣，又多能也。"

45．颜渊喟然叹曰："仰之弥高，钻之弥坚。瞻之在前，忽焉在后。夫子循循然善诱人，博我以文，约我以礼，欲罢不能。既竭吾才，如有所立卓尔。"（9.11）

注释 喟（kuì）：感叹的样子。弥：更加，越发。瞻：向高处远处看。循循然：有次序地。既：已经。竭：用尽。卓尔：高大的样子。

译文 颜渊感叹："（老师的道德学问）抬头仰望，越望越觉得高；努力钻研，越钻研越觉得无法穷尽。远望它好像在前面，忽然又像在后面。老师善于一步步地引导我们，用各种典籍来丰富我们的知识，又用各种礼节来约束我们的言行，使我们想停止学习都不可能。直到竭尽我们的全力，好像有一个十分高大的目标立在前面。"

评析

孔子是中国最伟大的教育家，颜渊感叹他两点：一是思想学问渊博高深，以致"仰之弥高，钻之弥坚"；二是教育方法十分高明，"循循然善诱人"，既传授文化知识（博我以文），又注重思想品德养成（约我以礼），而且让学生在文化和品德的追求方面"欲罢不能"。

优劣对比

耳提面命与循循善诱

水平差的老师，用耳提面命的方式让学生学习，学生往往视学习为畏途，缺乏兴趣，缺乏动力，缺乏与困难做斗争的勇气和意志。更严重的，上课如坐针毡，如做苦工，如受惩罚，如蹲监狱，不但下课即忘，甚至根本没听。

水平高的老师，循循善诱，学生视学习为乐趣，上课如沐春风，如饮甘露，如做游戏，如听仙乐，绕梁三日，甚至影响终身。为学习，不怕劳累，不怕困难，衣带渐宽终不悔，为伊消得人憔悴，亦在所不辞。

孔子，就属于后者的典型，按颜渊说，他真正做到了"循循善诱"，以致对老师仰之弥高，钻之弥坚，对学习欲罢不能——想不学习都不能。请问世间有几个老师能做到这一点！

孔子，属于顶级、王牌的老师！

46．子在川上曰："逝者如斯夫，不舍昼夜。"（9.17）

注释

川：河流。逝者：消逝的时光。斯：这。夫：语气词，啊。

译文

孔子在河边说："消逝的时光就像这河水一样啊，昼夜不停地向前流去。"

|评析|

孔子感叹时光如流水，一去不复返。

|说文解字|

川

川，甲骨文像两岸之间有水流过的样子：左右是岸，中间是水，用以表示河川。金文、小篆也这样写，但笔画更简练。本义为河流，引申为平原、平川。

成语海纳百川指大海可以容得下成百

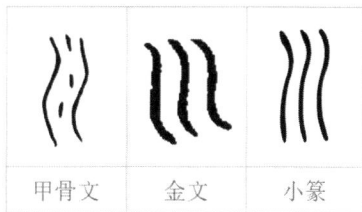

| 甲骨文 | 金文 | 小篆 |

上千条江河之水。比喻包容的东西非常广泛，而且数量很大。

小 故 事

珍惜时间的故事

76岁的爱因斯坦病倒了，有位老朋友问他想要什么东西。他说，我只希望还有若干小时的时间，让我把一些稿子整理好。

著名书画家齐白石一直用一句警语勉励自己：不教一日闲过。怎样才没有一日闲过呢？他提出一个标准，每天至少要画五幅画。85岁的一个上午，画了四个条幅，并在上面题诗："昨日大风，心绪不安，不曾作画，今朝特此补充之，不教一日闲过也。"后来虽然90多岁了，但一直坚持这一标准。

著名数学家陈景润为了攻克哥德巴赫猜想，十分珍惜时间，他曾给自己拟定出一张工作时间表，把分分秒秒都充分利用起来。即使在路上走，也要读读背背，他掌握的英、俄、法、德四门外语，就是这样背下来的。有一天他边走路边专心读、背，结果一头撞在电线杆上，但他并没有意识到撞的是电线杆，还以为是人，所以随口说："对不起！"

节约时间也需要智慧。爱迪生在实验室工作，递给助手一个没上灯口的空玻璃灯泡，说："你量量灯泡的容量。"然后低头工作。过了好半天，他问："容量多少？"结果看见助手拿着软尺在测量灯泡的周长、斜度，然后伏在桌上计算。他说："时间，时间！怎么费那么多的时间呢？"他拿起那个灯泡，往里面斟满了水，交给助手，说："里面的水倒在量杯里，马上告诉我它的容量。"助手立刻读出了数字。爱迪生说："这是多么容易的测量方法啊，又准确，又节省时间，你怎么想不到呢？还去算，那岂不是白白地浪费时间吗？"

典故

欧阳修的"三上"

钱思公虽然出身富贵之家，但是没什么嗜好。在西京洛阳曾经告诉僚属，说这一生只喜欢读书，坐着的时候就读经史，躺在床上就读各种杂记，上厕所就读诗词，大概从来没有半刻离开书的时候。谢希深也说："同在史院的宋公垂，每当去厕所都夹着书，诵读的声音清脆，远近都能听到，也是如此的好学。"我于是告诉希深，说我平生所作的文章，多在"三上"，就是马上、枕上、厕上。大概只有这些地方可以构思吧。

（欧阳修《归田录》卷二）

注：钱思公：钱惟演，北宋"西昆体"代表作家之一。下文提及的谢希深（谢绛）、宋公垂（宋绶）也以文学知名一时。

47．子曰："后生可畏，焉知来者之不如今也?"（9.23）

注释

后生：年轻人。

译文

孔子说："后生可畏，怎么知道后一代不如前一代呢?"（或，怎么知道后人不如今人呢?）

子罕第九

故事

后生可畏

欧阳修一向治学严谨，至晚年不减当初。他常将自己平生所写文章拿出来重新修改，逐字逐句反复推敲，为此天天辛苦劳累，常常忙到深夜。

夫人担心他操劳过度，影响健康，便关切地对丈夫说："相公何必如此用功，不惜贵体，为这些文字吃这样多的苦头！你早已年迈致仕（退休），难道还怕先生责难生气吗?"欧阳修回答："倒是不怕先生生气，只怕后生生讥，须知后生可畏耶!"

小资料

古今可畏的后生们

骆宾王，7岁创作名诗《鹅》。

王勃，6岁能文，被称为神童，成人后因诗才位列"初唐四杰"之一，20多岁写下流传千古的名篇《滕王阁序》。

李贺，7岁能辞章，韩愈始闻未信，与朋友过其家，使赋诗，援笔辄就如宿构，二人大惊，自是有名。

霍去病，未满18岁便率八百骑兵长途奔袭，斩匈奴二千余人，将匈奴单于的两个叔父一个毙命一个活捉，而八百骑兵则全身而返。被汉武帝封为"冠军侯"。

牛顿，22岁创建了微积分，其后发现力学三大定律。

培根，12岁入剑桥大学读书，15岁作为英国大使的随员到法国工作，后成为世界著名大学问家。

莫扎特，4岁学习弹琴和作曲。6岁随父亲在欧洲各国旅行演出。只活了35岁却留下六百多部音乐作品。

你可能会觉得上面"可畏"的后生都是天才、神童，那么再看两个"笨鸟"的故事：

一个"笨鸟"，四岁才学会说话。手工课上，他做的小板凳全班最差。他叫爱因斯坦，后来发现了相对论。

中国清代更有一个10岁才学会说话的"笨鸟"，刚上学就难倒了老师，请看——

故事

戴震难师

戴震10岁的时候才学会说话，大概是聪明积累得太久的缘故吧。他跟随老师读书，看一遍就能背下来，每天背几千字不肯停下。老师教《大学章句》，戴震问："凭什么知道这是孔子的话，而由曾子记述？又怎么知道是曾子的意思，而是他的学生记下来的呢？"老师回答："这是朱文公（朱熹）说的。"他立即问："朱文公是什么时候的人？"老师答："宋朝人。"又问："曾子、孔子是什么时候的人？"老师答："周朝人。"戴震追问："周朝和宋朝相隔多少年？"老师告诉他："差不多两千年了。"戴震问："既然这样，那么朱文公怎么知道？"老师无法回答，说："这不是个平常的孩子。"

原文如下——

先生是年乃能言，盖聪明蕴蓄者久矣。就傅读书，过目成诵，日数千言不肯休。授《大学章句》，问塾师："此何以知为孔子之言而曾子述之？又何以知为曾子之意而门人记之？"师应之曰："此朱文公所说。"即问："朱文公何时人？"曰："宋朝人。""孔子、曾子何时人？"曰："周朝人。""周朝、宋朝相去几何时矣？"曰："几二千年矣。""然则朱文公何以知然？"师无以应，曰："此非常儿也。"（清·段玉裁《戴东原先生年谱》）

48．子曰："主忠信，毋友不如己者，过则勿惮改。"（9.25）

注释

主忠信：以忠信为主。

毋（wú）：不要。友：动词，交朋友。

过：过错、过失。惮（dàn）：害怕、畏惧。

译文

孔子说："要以忠信为主，不要与不如自己的人交朋友；有了过错，就不要怕改正。"

小知识

人无癖不可与交，人无疵不可与交

张岱，号陶庵，山阴（今浙江绍兴）人。晚明文学家、史学家。不事科举，不求仕进，著述终老，是明代成就最高的文学家之一。

张岱的《陶庵梦忆》中有一著名论断："人无癖（pǐ）不可与交，以其无深情也。人无疵（cī）不可与交，以其无真气也。"大意是：一个人如果没有癖好就不可交，因为他没有深情；一个人如果没缺点也不可交，因为他没有真性情。

世界上完美的人是不存在的，一个朋友如果在长期交往后，还是看不到他有什么缺点，那么这样的朋友是很可怕的，要么是很有心机，要么是很虚伪，要么是把自己包裹得很紧，不露真情。这种情况，都不建议深交。

49．子曰："三军可夺帅也，匹夫不可夺志也。"（9.26）

注释

三军：古代12500人为一军，三军指大国所有的军队。

匹夫：平民百姓，男子汉。

译义

孔子说："一国军队，可以夺去它的主帅；但一个男子汉的志向不会被迫改变。"

评析

这里所说的"志"，也包括人格、尊严、信仰等。

历史人物

夏完淳

夏完淳（1631—1647），字存古，松江（今属上海）人。南明抗清将领、诗人。14岁从父夏允彝、师陈子龙起兵抗清，后兵败被俘，洪承畴（崇祯时任蓟辽总督，后投降清朝，负责南方战事）亲自审问，他拒绝诱降，痛骂洪承畴，英勇就义，死时年仅16岁。

夏完淳聪明早熟，天资极高。5岁读经史，7岁能作文，被誉为神童。短暂的一生中，著有文12篇，赋12篇，诗337首，词41首，曲4首，后集为《夏完淳集》。

上海松江区有个古典园林叫醉白池，其中有"玉樊亭"纪念夏允彝、夏完淳父子。玉樊亭上有副楹联，摘自柳亚子的诗句：悲歌慷慨千秋血，文采风流一世宗。夏完淳有《玉樊堂词》一卷，后世常以"玉樊"称其集。

别云间

夏完淳

三年羁旅客，今日又南冠。

无限山河泪，谁言天地宽？

已知泉路近，欲别故乡难。

毅魄归来日，灵旗空际看。

注释

南冠：楚国人钟仪被郑国俘虏转送至晋国关押，他在被囚期间始终戴着南冠（楚国的帽子），以表达对楚国的忠诚和思念。后南冠代指囚徒。

毅魄：坚毅的魂魄。灵旗：出征的战旗。

50．子曰："岁寒，然后知松柏之后凋也。"（9.28）

译文

孔子说："经历严寒季节，才知道松柏是最后凋谢的。"

评析

孔子认为人要有骨气，有远大志向的君子，应该像松柏那样，能经受严峻考验，在严酷环境中坚强不屈。

人物

顾炎武死不仕清

顾炎武（1613—1682），明南直隶昆山（今江苏昆山）人，明末清初杰出的思想家、经学家、史地学家和音韵学家，与黄宗羲、王夫之并称为明末清初"三大儒"。

明朝灭亡后，32岁的顾炎武誓不损节，不为清朝服务，还参加抗清复

子罕第九

明的"复社"。他曾六次从家里步行至南京明孝陵哭吊明朝开国皇帝朱元璋，往返数千里，不辞跋涉之苦。又两次到北京昌平长陵哭吊明成祖朱棣，六次到明思陵哭吊明末崇祯帝朱由检。

康熙十七年（1678），康熙帝开博学鸿儒科，招致明朝遗民，有担任翰林院编修、礼部侍郎的同乡力荐顾炎武。顾炎武三度致书，表示"耿耿此心，终始不变"，以死坚拒。康熙十八年清廷开明史馆，又有同乡高官邀他入馆修《明史》，顾炎武又以死回拒。

乡党第十

本篇概述

"乡党"指乡里、家乡。本篇篇名取自首章"孔子于乡党，恂恂如也，似不能言者"，意思是孔子在家乡显得很温和恭敬，像是不会说话的样子。本篇共27章，记载孔子的衣食住行，说明他是一举一动都符合礼的正人君子，为人们全面了解孔子、研究孔子，提供了生动的素材。

《乡党》全文

1. 孔子于乡党，恂恂如也，似不能言者。其在宗庙朝廷，便便言，唯谨尔。

2. 朝，与下大夫言，侃侃如也；与上大夫言，訚訚如也。君在，踧踖如也，与与如也。

3. 君召使摈，色勃如也，足躩如也。揖所与立，左右手，衣前后，襜如也。趋进，翼如也。宾退，必复命曰："宾不顾矣。"

4. 入公门，鞠躬如也，如不容。立不中门，行不履阈。过位，色勃如也，足躩如也，其言似不足者。摄齐升堂，鞠躬如也，屏气似不息者。出，降一等，逞颜色，怡怡如也。没阶，趋进，翼如也。复其位，踧踖如也。

5. 执圭，鞠躬如也，如不胜。上如揖，下如授。勃如战色，足蹜蹜如有循。享礼，有容色。私觌，愉愉如也。

6. 君子不以绀緅饰。红紫不以为亵服。当暑，袗絺绤，必表而出之。缁衣，羔裘；素衣，麑裘；黄衣，狐裘。亵裘长，短右袂。必有寝衣，长一身有半。狐貉之厚以居。去丧，无所不佩。非帷裳，必杀之。羔裘玄冠不以吊。吉月，必朝服而朝。

7. 齐，必有明衣，布。齐必变食，居必迁坐。

8. 食不厌精，脍不厌细。食饐而餲，鱼馁而肉败，不食。色恶，不食。臭恶，不食。失饪，不食。不时，不食。割不正，不食。不得其酱，不食。肉虽多，不使胜食气。唯酒无量，不及乱。沽酒市脯，不食。不撤姜食，不多食。

9. 祭于公，不宿肉。祭肉不出三日。出三日，不食之矣。

10. 食不语，寝不言。

11. 虽疏食菜羹，必祭，必齐如也。

12. 席不正，不坐。

13. 乡人饮酒，杖者出，斯出矣。

14. 乡人傩，朝服而立于阼阶。

15. 问人于他邦，再拜而送之。

16. 康子馈药，拜而受之。曰："丘未达，不敢尝。"

17. 厩焚。子退朝，曰："伤人乎?"不问马。

18. 君赐食，必正席先尝之。君赐腥，必熟而荐之。君赐生，必畜之。侍食于君，君祭，先饭。

19. 疾，君视之，东首，加朝服，拖绅。

20. 君命召，不俟驾行矣。

21. 入太庙，每事问。

22. 朋友死，无所归，曰："于我殡。"

23. 朋友之馈，虽车马，非祭肉，不拜。

24. 寝不尸，居不客。

25. 见齐衰者，虽狎，必变。见冕者与瞽者，虽亵，必以貌。凶服者式之，式负版者。有盛馔，必变色而作。迅雷风烈，必变。

26. 升车，必正立，执绥。车中，不内顾，不疾言，不亲指。

27. 色斯举矣，翔而后集。曰："山梁雌雉，时哉，时哉!"子路共之，三嗅而作。

下面举其中最有代表性的一章说明。

食不厌精，脍不厌细。食饐而餲，鱼馁而肉败，不食。色恶，不食。臭恶，不食。失饪，不食。不时，不食。割不正，不食。不得其酱，不食。肉虽多，不使胜食气。唯酒无量，不及乱。沽酒市脯，不食。不撤姜食，不多食。（10.8）

【注释】 脍（kuài）：切细的鱼、肉。饐（yì）：陈旧，指食物放置时间长了。餲（ài）：变味了。馁（něi）：鱼腐烂，这里指鱼不新鲜。败：肉腐烂，这里指肉不新鲜。臭（xiù）：气味。饪：烹调制作饭菜。时：应时，时鲜。割不正：肉切得不方正。气：同"饩"，音xì，即主食。乱：指酒醉。脯（fǔ）：熟肉干。

【译文】 粮食不嫌舂得精，鱼和肉不嫌切得细。粮食陈旧变味了，鱼和肉不新鲜了，都不吃。食物颜色变了，不吃。气味变了，不吃。烹调不当，不吃。不时鲜的东西，不吃。肉切得不方正，不吃。佐料放得不适当，不吃。席上的肉虽多，但吃的量不超过主食的量。只有喝酒没有限制，只要保证不喝醉就行。从市上买来的酒和肉干，不吃。每餐必须有姜，但也不多吃。

【说明】 本章只为介绍本篇内容，可不计入100句之内。如愿背诵，亦可只略背几个名句：食不厌精，脍不厌细。割不正，不食。后文还有：席不正，不坐。

说文解字

臭

这是个会意字，读xiù，甲骨文、小篆都写作一只狗（犬）加一个鼻子（自），是"嗅"的本字，也指嗅到的气味。之所以从犬，是因为狗鼻子嗅觉最灵敏，而且总是这里嗅嗅，那里嗅嗅。后来又加"口"旁再

甲骨文	小篆

造了一个"嗅"字表示"闻"，"臭"就专门表示臭味了，并且改读chòu。

小知识

"臭"字起初也指香味

"臭味相投"这个成语，今天是一个不折不扣的贬义词，只有坏人才"臭味相投"地聚在一起。但这个成语古时却是一个地地道道的褒义词。根源在于"臭"字的演变。

宋代字书《广韵》解释"臭"字："臭，凡气之总名。"所有的气味都可以叫"臭"。比如《易经·系辞》有言："二人同心，其利断金；同心之言，其臭如兰。"同心同德之言，它的气味就像兰花那样馥郁芳香。可见"臭"当时也指香味。

宋濂《送东阳马生序》"左佩刀，右备容臭"之"容臭"是香袋，内装香料，这里"臭"显然也是香味。

臭味相投，起初应读"xiù"味相投，指双方志趣、性情相投合。臭，指各种气味，包括香味。

《论语》"乡党"中的"臭恶"不是指饭菜臭了，而是指饭菜气味异常（如腐败、变质）。

先进第十一

|本篇概述|

    本篇篇名取自首章"先进于礼乐，野人也；后进于礼乐，君子也"。意思是：先学习礼乐而后做官的人，是（没有爵禄的）平民；先当官然后再学习礼乐的人，是贵族。

    本篇共26章，主要内容为：

    孔子对几个弟子的评价；孔子论"过犹不及"和"中庸"思想；孔子论学习与做官的关系；孔子对待鬼神、生死的态度；孔子和弟子们各述其志。

《先进》全文

    1. 子曰："先进于礼乐，野人也；后进于礼乐，君子也。如用之，则吾从先进。"

    2. 子曰："从我于陈、蔡者，皆不及门也。"

    3. 德行：颜渊、闵子骞、冉伯牛、仲弓。言语：宰我、子贡。政事：冉有、季路。文学：子游、子夏。

    4. 子曰："回也非助我者也，于吾言无所不说。"

    5. 子曰："孝哉，闵子骞！人不间于其父母昆弟之言。"

    6. 南容三复白圭，孔子以其兄之子妻之。

    7. 季康子问："弟子孰为好学？"孔子对曰："有颜回者好学，不幸短命死矣！今也则亡。"

    8. 颜渊死，颜路请子之车以为之椁。子曰："才不才，亦各言其子也。

鲤也死，有棺而无椁。吾不徒行以为之椁。以吾从大夫之后，不可徒行也。"

9. 颜渊死。子曰："噫！天丧予！天丧予！"

10. 颜渊死，子哭之恸。从者曰："子恸矣！"曰："有恸乎？非夫人之为恸而谁为？"

11. 颜渊死，门人欲厚葬之。子曰："不可。"门人厚葬之。子曰："回也视予犹父也，予不得视犹子也。非我也，夫二三子也。"

12. 季路问事鬼神。子曰："未能事人，焉能事鬼？"曰："敢问死。"曰："未知生，焉知死？"

13. 闵子侍侧，訚訚如也；子路，行行如也；冉有、子贡，侃侃如也。子乐。"若由也，不得其死然。"

14. 鲁人为长府。闵子骞曰："仍旧贯，如之何？何必改作？"子曰："夫人不言，言必有中。"

15. 子曰："由之瑟奚为于丘之门？"门人不敬子路。子曰："由也升堂矣，未入于室也。"

16. 子贡问："师与商也孰贤？"子曰："师也过，商也不及。"曰："然则师愈与？"子曰："过犹不及。"

17. 季氏富于周公，而求也为之聚敛而附益之。子曰："非吾徒也。小子鸣鼓而攻之，可也。"

18. 柴也愚，参也鲁，师也辟，由也喭。

19. 子曰："回也其庶乎？屡空。赐不受命，而货殖焉，亿则屡中。"

20. 子张问善人之道。子曰："不践迹，亦不入于室。"

21. 子曰："论笃是与，君子者乎？色庄者乎？"

22. 子路问："闻斯行诸？"子曰："有父兄在，如之何其闻斯行之？"冉有问："闻斯行诸？"子曰："闻斯行之。"公西华曰："由也问'闻斯行诸'，子曰：'有父兄在。'求也问'闻斯行诸'，子曰：'闻斯行之。'赤也惑，敢问。"子曰："求也退，故进之；由也兼人，故退之。"

23. 子畏于匡，颜渊后。子曰："吾以女为死矣。"曰："子在，回何敢死？"

24. 季子然问："仲由、冉求可谓大臣与？"子曰："吾以子为异之问，曾由与求之问。所谓大臣者，以道事君，不可则止。今由与求也，可谓具臣矣。"曰："然则从之者与？"子曰："弑父与君，亦不从也。"

25. 子路使子羔为费宰。子曰："贼夫人之子。"子路曰："有民人焉，有社稷焉，何必读书，然后为学？"子曰："是故恶夫佞者。"

26. 子路、曾皙、冉有、公西华侍坐。子曰："以吾一日长乎尔，毋吾以也。居则曰：'不吾知也！'如或知尔，则何以哉？"子路率尔而对曰："千乘之国，摄乎大国之间，加之以师旅，因之以饥馑；由也为之，比及三年，可使有勇，且知方也。"夫子哂之。"求！尔何如？"对曰："方六七十，如五六十，求也为之，比及三年，可使足民。如其礼乐，以俟君子。""赤！尔何如？"对曰："非曰能之，愿学焉。宗庙之事，如会同，端章甫，愿为小相焉。""点！尔何如？"鼓瑟希，铿尔，舍瑟而作，对曰："异乎三子者之撰。"子曰："何伤乎？亦各言其志也。"曰："莫春者，春服既成，冠者五六人，童子六七人，浴乎沂，风乎舞雩，咏而归。"夫子喟然叹曰："吾与点也！"三子者出，曾皙后。曾皙曰："夫三子者之言何如？"子曰："亦各言其志也已矣。"曰："夫子何哂由也？"曰："为国以礼，其言不让，是故哂之。""唯求则非邦也与？""安见方六七十如五六十而非邦也者？""唯赤则非邦也与？""宗庙会同，非诸侯而何？赤也为之小，孰能为之大？"

51. 子贡问："师与商也孰贤？"子曰："师也过，商也不及。"曰："然则师愈与？"子曰："过犹不及。"（11.16）

注释 师：颛（zhuān）孙师，字子张。商：卜商，字子夏。愈：胜过，强些。与：同"欤"，语气词。

译文 子贡问孔子："子张和子夏二人谁更好一些呢？"孔子回答："子张过分，子夏不足。"子贡说："那么是子张好一些吗？"孔子说："过分和不足是一样的。"

评析

"过犹不及"体现"中庸"思想，即"执其两端，用其中于民"。而中，就是正。过犹不及后来成了成语。

中和殿正中悬挂的是什么匾？

故宫的中和殿位于太和殿、保和殿之间，是皇帝去太和殿大典之前休息并接受执事官员朝拜的地方。"中和"二字取自《礼记·中庸》"中也者，天下之本也；和也者，天下之道也"。而中和殿正中所悬挂的匾额是"允执厥中"四字。请看——

中和殿及"允执厥中"匾

"允执厥中"是什么意思？

"允执厥中"四字乃乾隆帝御笔所题。允：诚信。执：遵守。厥：其。中：中正。合起来表示诚恳地秉执中正之道。

允执厥中，出自《尚书·大禹谟》："人心惟危，道心惟微，惟精惟一，允执厥中。"意思是舜告诫禹：人心危险难安，道心幽微难明，只有精心一意，诚恳地秉执中正之道，才能治理好国家。

52. 子路问："闻斯行诸？"子曰："有父兄在，如之何其闻斯行之？"冉有问："闻斯行诸？"子曰："闻斯行之。"公西华曰："由也问'闻斯行诸'，子曰：'有父兄在。'求也问'闻斯行诸'，子曰：'闻斯行之。'赤也惑，敢问。"子曰："求也退，故进之；由也兼人，故退之。"（11.22）

【注释】 子路、冉有、公西华：都是孔子的弟子。子路姓仲，名由，字子路。冉有，名求，字子有，通称冉有。公西华姓公西，名赤，字子华。诸：

"之乎"二字的合音词。闻斯行诸：就是"闻斯行之乎"，听到合于正义的事就行动起来吗？兼人：好勇过人。

译文

子路问："听到合于正义的事就行动起来吗？"孔子说："有父兄在，怎么能听到就行动起来呢？"冉有问："听到合于正义的事就行动起来吗？"孔子说："听到了就行动起来。"公西华说："仲由问'听到了就行动起来吗？'你回答说'有父兄健在'。冉求问'听到了就行动起来吗？'你回答'听到了就行动起来'。我被弄糊涂了，敢再问个明白。"孔子说："冉求总是退缩，所以我鼓励他；仲由好勇过人，所以我约束他。"

评析

这一则是孔子因材施教的典型案例，同一个问题，对不同的学生有不同的答案。

小资料

孔子因材施教另一例

曾有多位弟子问仁，但孔子的回答都不同。

颜渊问："什么是仁呢？"孔子回答："克己复礼为仁。"意思是，克制自己，使自己的言行都符合"礼"的规定，就是"仁"了。颜渊又进一步问："怎么才能做到克己复礼呢？"孔子回答："非礼勿视，非礼勿听，非礼勿言，非礼勿动。"颜渊是孔子的得意门生，品德好，聪明好学，领悟能力强，所以孔子就从理论的高度告诉他"克己复礼为仁"，强调"仁"和"礼"的关系。

仲弓也请教什么是"仁"，孔子回答："出门如见大宾，使民如承大祭。己所不欲，勿施于人。"意思是，外出时要像去见贵宾一样庄重，役使百姓时，要像承办盛大的祭祀典礼一样严肃。自己不想要的东西，就不要强加于别人。为什么与回答颜渊不同呢？原来孔子曾说过仲弓有雄才大略，性格仁慈有贤德，因此就从侍奉君主和管理人民的角度来分析"仁"。

子贡也来问"仁"了，孔子却说："己欲立而立人，己欲达而达人。"子贡利口巧辩，家境富裕，还有经济头脑，他有志于仁，每天想要博施济众，于是孔子教他应该从"立人"和"达人"做起。

司马牛去问"仁"时，孔子却回答："仁者，其言也讱。"意思是，仁德的人，说话往往是缓慢而谨慎的。这是因为司马牛"言多而噪"，所以孔子对他的回答就强调说话要谨慎。

而等到樊迟去问"仁"时，孔子的回答又不同了，具体是什么，请你关注下文，并探究原因。

颜渊第十二

本篇概述

篇名取自首章"颜渊问仁"。

本篇共24章。主要内容为:

弟子问仁,孔子论仁;孔子论君子;孔子论为政和处世。

《颜渊》全文

1. 颜渊问仁。子曰:"克己复礼为仁。一日克己复礼,天下归仁焉。为仁由己,而由人乎哉?"颜渊曰:"请问其目。"子曰:"非礼勿视,非礼勿听,非礼勿言,非礼勿动。"颜渊曰:"回虽不敏,请事斯语矣。"

2. 仲弓问仁。子曰:"出门如见大宾,使民如承大祭。己所不欲,勿施于人。在邦无怨,在家无怨。"仲弓曰:"雍虽不敏,请事斯语矣。"

3. 司马牛问仁。子曰:"仁者,其言也讱。"曰:"其言也讱,斯谓之仁已乎?"子曰:"为之难,言之得无讱乎?"

4. 司马牛问君子。子曰:"君子不忧不惧。"曰:"不忧不惧,斯谓之君子已乎?"子曰:"内省不疚,夫何忧何惧?"

5. 司马牛忧曰:"人皆有兄弟,我独亡。"子夏曰:"商闻之矣:死生有命,富贵在天。君子敬而无失,与人恭而有礼,四海之内,皆兄弟也。君子何患乎无兄弟也?"

6. 子张问明。子曰:"浸润之谮,肤受之愬,不行焉,可谓明也已矣。

浸润之谮，肤受之愬，不行焉，可谓远也已矣。”

7. 子贡问政。子曰："足食，足兵，民信之矣。"子贡曰："必不得已而去，于斯三者何先?"曰："去兵。"子贡曰："必不得已而去，于斯二者何先?"曰："去食。自古皆有死，民无信不立。"

8. 棘子成曰："君子质而已矣，何以文为?"子贡曰："惜乎，夫子之说君子也! 驷不及舌。文犹质也，质犹文也。虎豹之鞟犹犬羊之鞟。"

9. 哀公问于有若曰："年饥，用不足，如之何?"有若对曰："盍彻乎?"曰："二，吾犹不足，如之何其彻也?"对曰："百姓足，君孰与不足? 百姓不足，君孰与足?"

10. 子张问崇德辨惑。子曰："主忠信，徙义，崇德也。爱之欲其生，恶之欲其死。既欲其生，又欲其死，是惑也。'诚不以富，亦祗以异'。"

11. 齐景公问政于孔子。孔子对曰："君君，臣臣，父父，子子。"公曰："善哉! 信如君不君，臣不臣，父不父，子不子，虽有粟，吾得而食诸?"

12. 子曰："片言可以折狱者，其由也与?"子路无宿诺。

13. 子曰："听讼，吾犹人也。必也使无讼乎!"

14. 子张问政。子曰："居之无倦，行之以忠。"

15. 子曰："博学于文，约之以礼，亦可以弗畔矣夫!"

16. 子曰："君子成人之美，不成人之恶。小人反是。"

17. 季康子问政于孔子。孔子对曰："政者，正也。子帅以正，孰敢不正?"

18. 季康子患盗，问于孔子。孔子对曰："苟子之不欲，虽赏之不窃。"

19. 季康子问政于孔子曰："如杀无道，以就有道，何如?"孔子对曰："子为政，焉用杀? 子欲善而民善矣。君子之德风，小人之德草。草上之风，必偃。"

20. 子张问："士何如斯可谓之达矣?"子曰："何哉，尔所谓达者?"子张对曰："在邦必闻，在家必闻。"子曰："是闻也，非达也。夫达也者，质直而好义，察言而观色，虑以下人。在邦必达，在家必达。夫闻也者，色取仁而行违，居之不疑。在邦必闻，在家必闻。"

21. 樊迟从游于舞雩之下，曰："敢问崇德，修慝，辨惑。"子曰："善哉问! 先事后得，非崇德与? 攻其恶，无攻人之恶，非修慝与? 一朝之忿，忘其身，以及其亲，非惑与?"

22. 樊迟问仁。子曰："爱人。"问知。子曰："知人。"樊迟未达。子曰："举直错诸枉，能使枉者直。"樊迟退，见子夏曰："乡也吾见于夫子而问知，子曰：'举直错诸枉，能使枉者直'，何谓也?"子夏曰："富哉言乎!舜有天下，选于众，举皋陶，不仁者远矣。汤有天下，选于众，举伊尹，不仁者远矣。"

23. 子贡问友。子曰："忠告而善道之，不可则止，毋自辱焉。"

24. 曾子曰："君子以文会友，以友辅仁。"

53. 颜渊问仁。子曰："克己复礼为仁。一日克己复礼，天下归仁焉……"颜渊曰："请问其目。"子曰："非礼勿视，非礼勿听，非礼勿言，非礼勿动。"（12.1）

【注释】克己复礼：克己，克制自己。复礼，使自己的言行符合礼的要求。归仁：归，归顺。仁，即仁道。目：具体的条目。与"纲"相对。

【译文】颜渊问怎样做才是仁。孔子说："克制自己，照着礼去做，这就是仁。一旦这样做了，天下就归于仁了……"颜渊说："请问实行仁的具体条目。"孔子说："不合礼的不看，不合礼的不听，不合礼的不说，不合礼的不做。"

【评析】

由此可见"礼"在孔子心目中的地位之高。

【说文解字】

纲与目

颜渊问仁，子曰："克己复礼为仁。"颜渊曰："请问其目。""目"是什么？这还要从"纲"说起。

纲，指渔网上总揽网眼的绳索。如下图。

目，指组成渔网的一个个网眼。

纲目，引申为概要与细则。

生物分类中也用到"纲"和"目"，用7个等级将生物逐级分类，分别是：界、门、纲、目、科、属、种。例如：人，属于动物界，脊索动物门，哺乳纲，灵长目，人科，人属，智人种。

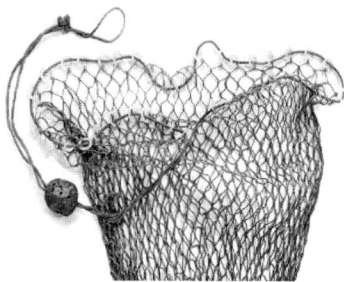

说文解字

礼

礼的甲骨文、金文字形像礼器、祭祀之器的样子。小篆发展成会意字，从示从豊，其中，示表示祭祀。本义为举行仪式，祭神求福，引申为礼节、礼仪。《礼记·王制》："脩六礼以节民性。"六礼指冠礼、婚礼、丧礼、祭礼、乡饮酒和乡射礼、相见礼。

甲骨文	金文	小篆

礼又表示敬意、尊敬。例如，宋濂《送东阳马生序》："色愈恭，礼愈至，不敢出一言以复。"又引申为礼遇、厚待、礼貌等义。如苏洵《六国论》："礼天下之奇才。"成语有"敬贤礼士"。

古籍知识

周礼

《周礼》是儒家经典，十三经之一。传为周公旦所著，但实际上可能是后代归纳创作而成。《周礼》和《仪礼》《礼记》合称"三礼"，是古代华夏民族礼乐文化的理论表述，对礼法、礼义作了权威的记载和解释，对历代礼制的影响最为深远。汉代经学大师郑玄为《周礼》作了出色的注，由于郑玄的崇高学术声望，《周礼》一跃而居"三礼"之首，成为儒家的煌煌大典之一。

周公制礼

周公姓姬，名旦，是周文王姬昌的第四子，周武王姬发的弟弟。因采邑在周，故称周公。他是西周开国元勋，杰出的政治家、军事家、思想家、教育家，儒学先驱，被称"元圣"。

周公曾在"武王卒，成王幼"时摄政。他率师东征，平定叛乱，然后大举分封诸侯，营建成周洛邑（今河南洛阳）。他主张以"礼"治国，并制定了《周礼》。《周礼》所涉及的内容极为丰富，凡邦国建制，礼乐兵刑，政法文教，赋税财政，膳食衣饰，寝庙车马，各种典章制度，无所不包。例如规定天子、诸侯、大夫吃什么规格的饭，坐什么规格的车，享受什么规格的乐舞等。

制定《周礼》的目的，就是规范从天子到臣民的行为，特别是遏制掌权者的贪婪，防止"越礼"的腐败现象产生，用以维护国家的稳定。因为有《周礼》，周朝虽也有腐败和昏君，也有"礼崩乐坏"的时期，但毕竟维持了近八百年之久，是中国历史上历时最长久的朝代。用《三字经》中的话来说，就是"八百载，最长久"。

54．司马牛忧曰："人皆有兄弟，我独亡。"子夏曰："商闻之矣：死生有命，富贵在天。君子敬而无失，与人恭而有礼，四海之内，皆兄弟也。君子何患乎无兄弟也?"（12.5）

【注释】 司马牛：姓司马名耕，字子牛，孔子的学生。亡：同"无"。商：子夏的名。

【译文】 司马牛忧愁地说："别人都有兄弟，唯独我没有。"子夏说："我听说过：'死生有命，富贵在天。'君子只要对待所做的事情严肃认真，不出差错，对人恭敬而合乎于礼的规定，那么，天下人就都是自己的兄弟了。君子何愁没有兄弟呢?"

评析

今天常说"四海之内皆兄弟",就源于子夏这句话。但提倡"四海之内皆兄弟"时要注意子夏提出的条件和原则:君子敬而无失,与人恭而有礼。这样才能四海之内皆兄弟。

小知识

子夏为什么自称"商"(兼谈名、字、号)

古代有身份的人,除了有名外,还有字。名是出生时或出生不久就取的,而字则是举行冠礼时取的。《礼记·曲礼》规定:"男子二十冠而字","女子十五笄而字"。就是说不管男女,到了成年才取字。例如子夏,名卜商,字子夏。殷商遗族之后。子姓,夏氏。

字与名在意义上有一定联系,可以互为表里,所以字又叫"表字"。例如诸葛亮,复姓诸葛,名亮,字孔明。孔明就是"很明"的意思,与"亮"同义;辛弃疾字幼安,"弃疾"与"幼安"也有一定的联系。

号,是一种固定的别名,因此又叫"别号"。号有自取的,也有别人给取的。例如李白号"青莲居士",苏轼号"东坡"。有的人还有多个别号,如欧阳修自号"六一居士",又号"醉翁";陶渊明自号"五柳先生",朋友又给他赠号"靖节先生"。

名,用于自称,以示谦虚。因此子夏自称"商",这表明了他的谦虚。字和号,用于称人,以示尊重。对尊长,只能称字而不能称名。相反,尊长称晚辈则可称名。

历史人物

子夏

子夏,姓卜,名商,字子夏,春秋末晋国温(今河南温县)人,孔子的著名弟子,"孔门十哲"之一。他小孔子四十四岁,是孔子后期学生中之佼佼者,才思敏捷,以文学著称,被孔子许为其"文学"科的高才生。

子夏才气过人，《论语》中保留了他的许多著名的格言，如：

博学而笃志，切问而近思，仁在其中矣；

百工居其肆以成其言，君子学以致其道；

日知其所亡，月无忘其所能，可谓好学也已矣；

仕而优则学，学而优则仕。

…………

孔子去世后，"儒分为八"，其中子夏至魏国西河（济水、黄河间）办学，还做过崇尚儒学的魏文侯的老师（就是任命西门豹治邺的魏文侯）。子夏之儒培养的是经世济用的儒家学者，大量地充斥到各国的官僚系统中，是当时最有影响力的儒学流派，谋求进身的士人纷纷转入西河学习，"如田子方、段干木、吴起、禽滑厘之属，皆受业于子夏"（《史记·儒林列传》）。

子夏

史载子夏传《易经》，并有著作《子夏易传》传世。今传孔子《易传》很可能出于子夏的传述；子夏所传经学，对弘扬孔子学说起到了关键作用。唐玄宗时，子夏被追封为"魏侯"，宋代时又加封为"河东公"。

小资料

曾子论兄弟

据《大戴礼记·曾子制言》记载，曾子说过，君子立志行仁，先做后说，千里之外都是兄弟；否则，即使是你的亲兄弟也不亲啊！

[原文]

君子执仁立志，先行后言，千里之外，皆为兄弟。苟是之不为，则虽汝亲，庸孰能亲汝乎？

55. 棘子成曰:"君子质而已矣,何以文为?"子贡曰:"惜乎,夫子之说君子也!驷不及舌。文犹质也,质犹文也。虎豹之鞟犹犬羊之鞟。"(12.8)

注释 棘子成:卫国大夫。质:质地,品质。文:文采。夫子:古代大夫都可以被尊称为夫子,所以子贡这样称呼棘子成。驷不及舌:指话一说出口,就收不回来了,和"君子一言,驷马难追"意思相同。驷,拉一辆车的四匹马。鞟(kuò):去掉毛的皮,即革。

译文 棘子成说:"君子只要品质良好就可以了,为什么还要用文采去显露呢?"子贡说:"真遗憾,夫子您这样谈论君子。一言既出,驷马难追。本质就像文采,文采就像本质,都是同等重要的。虎、豹的皮去了毛,就如同狗、羊的皮一样。"

评析

可见,"文采"还是需要的。这一则可参看前文"文质彬彬"句。

成语

文质兼美

文,指外在的形式。于文章,指其选词造句的华丽优美、音韵的和谐、节律的匀称等。于人,则指其外形、身段、体态、五官、仪表、服饰、风度、气质等等。

质,指内在的思想、精神、道德、品格。于人、于文都是一致的。

质是内在品质;文,则是外在表现。文、质两种都好,就是文质兼美。也就是孔夫子说的"文质彬彬",就是"君子"了。

用于形容文章,则指文笔优美,思想深邃,语言精辟,寓意深刻。就如同古文名篇,文笔明朗清新、朴实自然,同时它还具有高深的思想意义。用"文质兼美"来形容就最合适不过的了。

特级教师 教你读 论语百句

56．子曰：“君子成人之美，不成人之恶。小人反是。”（12.16）

注释
成：完成，成就。是：这，这样。

译文
孔子说：“君子帮助别人成就好事，不帮助别人成就坏事。小人与此相反。”

57．季康子问政于孔子。孔子对曰：“政者，正也。子帅以正，孰敢不正?”（12.17）

注释
季康子：姓季孙，名肥，康是他的谥号，鲁哀公时任正卿。

译文
季康子问孔子如何治理国家。孔子回答说：“政就是正的意思。您本人带头走正路，那么还有谁敢不走正路呢?”

评析

强调统治者必须要“正”。否则必然“上梁不正下梁歪”。

58．季康子问政于孔子曰：“如杀无道，以就有道，何如?”孔子对曰：“子为政，焉用杀? 子欲善而民善矣。君子之德风，小人之德草，草上之风，必偃。”（12.19）

注释
草上之风：指风加之于草。偃：倒。

译文
季康子问孔子如何治理政事，说：“如果杀掉无道的人，让百姓做有道的人，怎么样?”孔子说：“您治理政事，哪里用得着杀戮呢? 您只要想行善，老百姓也会跟着行善。在位者的品德好比风，小民的品德好比草，风吹到草上，草就跟着倒。"

|评析|

这说明孔子反对杀人，主张"德政"。

小知识

王道与霸道

"王道"和"霸道"是中国传统政治中的一对重要概念，都是古代帝王之道。孟子说："以力假仁者霸；以德行仁者王。"以力服人和以理服人，是就两者的根本区别而言。王道，指传统政治"仁政"的一面；霸道，指传统政治"威权统治"的一面。

在中国古代诸子百家的思想中，王道以孔、孟儒家为典型性代表。儒家强调实行仁政，以理服人，以德服人。霸道则以商鞅、韩非、李斯等法家为典型代表，霸道强调武力、刑法、权术等统治天下的政策。

在帝王中，除了秦始皇实行的是典型的不折不扣的霸道，许多朝代的制度都是以王道的外表掩盖霸道的真相。比如汉朝儒表法里，以儒家的皮囊包裹法家的本质。例如汉武帝，表面上"罢黜百家，独尊儒术"，但实质还是霸道。

59. 樊迟问仁。子曰："爱人。"问知。子曰："知人。"（12.22）

注释

樊迟：孔子的学生。知：同"智"。

译文

樊迟请教什么是仁。孔子说："爱护别人。"又请教如何算是明智。孔子说："了解别人。"

特级教师 教你读 论语百句

评析

"仁"是孔子思想的核心。孔子的理想就是要通过"仁"的方式，营造和谐的人际关系和氛围，使上下级能够理解沟通，同事间能够协作配合。爱人，包括尊重人、善待人、友爱人。爱人的观念由近及远：

爱父母——孝；爱兄弟——悌；爱众人——泛爱众而亲仁（老吾老以及人之老，幼吾幼以及人之幼）。

关于"知人"，请参见前文第一条（1.1）"人不知而不愠"的解释。

小知识

孔子对"仁"有多种解释

樊迟问仁。子曰："爱人。"

颜渊问仁。子曰："克己复礼为仁。一日克己复礼，天下归仁焉。"

仲弓问仁。子曰："出门如见大宾，使民如承大祭。己所不欲，勿施于人。"

司马牛问仁。子曰："仁者，其言也讱。"

子贡问为仁。子曰："己欲立而立人，己欲达而达人。"

还有一次回答子贡："工欲善其事，必先利其器。居是邦也，事其大夫之贤者，友其士之仁者。"

60. 子贡问友。子曰："忠告而善道之，不可则止，毋自辱焉。"（12.23）

注释

道：同"导"。

译文

子贡问怎样对待朋友。孔子说："忠诚地劝告他，恰当地引导他，如果不听也就罢了，不要自取其辱。"

朋友的种类

明代名士苏浚在《鸡鸣偶记》中，把朋友分为四类：

道义相砥，过失相规，畏友也；

缓急可共，死生可托，密友也；

甘言如饴，游戏征逐，昵友也；

和则相攘，患则相倾，贼友也！

注释

砥（dǐ）：砥砺，勉励。

饴（yí）：饴糖，用麦芽制成的糖。

昵（nì）：亲近。

攘（rǎng）：推让。

倾：倾轧，使倾覆。

子路第十三

本篇概述

篇名取自首章"子路问政"。

本篇共30章，内容比较广泛，主要包括：

孔子治理国家的政治主张；孔子论述为人和为政的道理。

《子路》全文

1. 子路问政。子曰："先之劳之。"请益。曰："无倦。"

2. 仲弓为季氏宰，问政。子曰："先有司，赦小过，举贤才。"曰："焉知贤才而举之？"子曰："举尔所知；尔所不知，人其舍诸？"

3. 子路曰："卫君待子而为政，子将奚先？"子曰："必也正名乎？"子路曰："有是哉，子之迂也！奚其正？"子曰："野哉，由也！君子于其所不知，盖阙如也。名不正，则言不顺；言不顺，则事不成；事不成，则礼乐不兴；礼乐不兴，则刑罚不中；刑罚不中，则民无所措手足。故君子名之必可言也，言之必可行也。君子于其言，无所苟而已矣。"

4. 樊迟请学稼。子曰："吾不如老农。"请学为圃。曰："吾不如老圃。"樊迟出，子曰："小人哉，樊须也！上好礼，则民莫敢不敬；上好义，则民莫敢不服；上好信，则民莫敢不用情。夫如是，则四方之民襁负其子而至矣，焉用稼？"

5. 子曰："诵诗三百，授之以政，不达；使于四方，不能专对。虽多，亦奚以为?"

6.子曰:"其身正,不令而行;其身不正,虽令不从。"

7.子曰:"鲁卫之政,兄弟也。"

8.子谓卫公子荆:"善居室。始有,曰:'苟合矣。'少有,曰:'苟完矣。'富有,曰:'苟美矣。'"

9.子适卫,冉有仆。子曰:"庶矣哉!"冉有曰:"既庶矣,又何加焉?"曰:"富之。"曰:"既富矣,又何加焉?"曰:"教之。"

10.子曰:"苟有用我者,期月而已可也,三年有成。"

11.子曰:"'善人为邦百年,亦可以胜残去杀矣。'诚哉是言也!"

12.子曰:"如有王者,必世而后仁。"

13.子曰:"苟正其身矣,于从政乎何有? 不能正其身,如正人何?"

14.冉子退朝。子曰:"何晏也?"对曰:"有政。"子曰:"其事也。如有政,虽不吾以,吾其与闻之。"

15.定公问:"一言而可以兴邦,有诸?"孔子对曰:"言不可以若是,其几也。人之言曰:'为君难,为臣不易。'如知为君之难也,不几乎一言而兴邦乎?"曰:"一言而丧邦,有诸?"孔子对曰:"言不可以若是,其几也。人之言曰:'予无乐乎为君,唯其言而莫予违也。'如其善而莫之违也,不亦善乎? 如不善而莫之违也,不几乎一言而丧邦乎?"

16.叶公问政。子曰:"近者说,远者来。"

17.子夏为莒父宰。问政。子曰:"无欲速,无见小利。欲速,则不达;见小利,则大事不成。"

18.叶公语孔子曰:"吾党有直躬者,其父攘羊,而子证之。"孔子曰:"吾党之直者异于是:父为子隐,子为父隐。——直在其中矣。"

19.樊迟问仁。子曰:"居处恭,执事敬,与人忠。虽之夷狄,不可弃也。"

20.子贡问曰:"何如斯可谓之士矣?"子曰:"行己有耻,使于四方,不辱君命,可谓士矣。"曰:"敢问其次。"曰:"宗族称孝焉,乡党称弟焉。"曰:"敢问其次。"曰:"言必信,行必果,硁硁然小人哉! 抑亦可以为次矣。"曰:"今之从政者何如?"子曰:"噫! 斗筲之人,何足算也?"

21.子曰:"不得中行而与之,必也狂狷乎? 狂者进取,狷者有所不为也。"

22.子曰:"南人有言曰:'人而无恒,不可以作巫医。'善夫。""不恒其德，或承之羞。”子曰：“不占而已矣。”

23. 子曰：“君子和而不同，小人同而不和。”

24. 子贡问曰：“乡人皆好之，何如？”子曰：“未可也。”“乡人皆恶之，何如？”子曰：“未可也。不如乡人之善者好之，其不善者恶之。”

25. 子曰：“君子易事而难说也。说之不以道，不说也；及其使人也，器之。小人难事而易说也。说之虽不以道，说也；及其使人也，求备焉。”

26. 子曰：“君子泰而不骄，小人骄而不泰。”

27. 子曰：“刚、毅、木、讷近仁。”

28. 子路问曰：“何如斯可谓之士矣？”子曰：“切切偲偲，怡怡如也，可谓士矣。朋友切切偲偲，兄弟怡怡。”

29. 子曰：“善人教民七年，亦可以即戎矣。”

30. 子曰：“以不教民战，是谓弃之。”

61．子曰：“必也正名乎……名不正，则言不顺；言不顺，则事不成；事不成，则礼乐不兴；礼乐不兴，则刑罚不中，刑罚不中则民无所措手足。”（13.3）

【译文】孔子说：“一定要有正当的名分啊……名分不正，说话就不顺当；说话不顺当，事情就办不成；事情办不成，礼乐也就不能复兴；礼乐不能复兴，刑罚就不会得当；刑罚不得当，百姓就会手足无措。”

【评析】

正名，就是确定名称、名分，使名实相符。这一章是孔子在阐述“正名”的主张及原因。而原因采用顶真的方法，道理十分充分。后来形成成语“名正言顺”。

62. 子曰："其身正，不令而行；其身不正，虽令不从。"（13.6）

译文 孔子说："国君自身正了，即使不发布命令，老百姓也会去干；自身不正，即使发布命令，老百姓也不会服从。"

评析

这一则和前文"政者，正也。子帅以正，孰敢不正"意思相同。

63. 子曰："无欲速，无见小利。欲速，则不达；见小利，则大事不成。"（13.17）

注释 无：同"毋"，不要。

译文 孔子说："不要图快，不要看重小利。图快，反而达不到目的；看重小利，就做不成大事。"

评析

因此有成语"欲速则不达"。

故事

欲速则不达

有一个小孩很喜欢研究生物，很想知道蛹是如何破茧成蝶的。有一次，他在草丛中看见一只蛹，便带回了家天天观察。几天以后，蛹出现了一条裂痕，里面的蝴蝶开始挣扎，想抓破蛹壳飞出。艰辛的过程达数小时之久，蝴蝶在蛹里的挣扎太痛苦了，小孩看着有些不忍，想要帮帮它，便拿起剪刀将蛹剪开，蝴蝶破蛹而出。但他没想到，蝴蝶挣脱蛹壳以后，因为翅膀不够有力，根本飞不起来，不久便痛苦地死去。

破茧成蝶的过程原本就非常痛苦、艰辛，但只有通过这一经历才能换来日后的翩翩起舞。外力的帮助反而让爱变成了害。将自然界中这一微小的现象放大至人生，许多事业都必须有一个痛苦挣扎、奋斗的过程。

见小利则大事不成

一位年轻人外出寻宝，一番艰辛的寻找之后，终于在一片森林里找到两棵稀有的树木。那两棵树散发出很浓烈的香味，年轻人非常高兴，就把两棵树运回家，拖到集市上去卖。然而，整整一天时间，没有一个人来问。这时他见身边卖木炭的生意挺好，就把自己的树也烧成炭，结果很快就卖了出去。他揣着钱，高兴地回家，把这事告诉父亲。父亲听了连声痛惜："你找来的那树是世界上最珍贵的沉香树，随便切一小块磨成碎末，都够你卖一年的木炭了。"

小资料

朱熹的"十六字箴言"

急于求成、恨不能一日千里，往往事与愿违。历史上的很多名人都是在犯过此类错误之后才懂得这一成功的真谛。宋朝的朱熹是个聪明人，他感觉到，"速成"不是良方，必须经过一番苦功方能有所成就。他以"十六字箴言"对"欲速则不达"作了一番精彩的诠释："宁详毋略，宁下毋高，宁拙毋巧，宁近毋远。"

64．子曰："君子和而不同，小人同而不和。"（13.23）

注释

和：和谐相处，配合。

同：相同，与人混同，同流合污。

译文

孔子说："君子讲求和谐而不同流合污，小人同流合污而不和谐相处。"

君子与周围人保持和谐融洽的关系，但从来不愿人云亦云，盲目附和；小人只求与别人完全一致，而不讲求原则，但不能与别人保持融洽友好的关系。

故事

宋代的两个死对头

北宋有两个宰相：司马光和王安石。一个是保守派，一个是改革派。两人性格迥异，又是政敌，政治主张也相差十万八千里，在朝廷上是几十年的死对头。两人斗争的结果，起初是王安石获胜，司马光被赶下了宰相宝座。

皇帝询问王安石对司马光的看法，王安石却大加赞赏，称司马光是"国之栋梁"，对他的人品、能力、学术造诣都给予很高评价。因此，司马光虽然失去了皇帝信任，但并没有陷入悲惨境地，得以从容地"退江湖之远"，照旧吟诗作赋，锦衣玉食。

风水轮流转，三十年河东，三十年河西。愤世嫉俗的王安石强力推行改革，触动了皇亲贵胄的利益，也招致地方官强烈不满，朝野一片骂声，逢朝必有弹劾。皇帝本来十分信任王安石，但天天有人弹劾他，终于失去了耐心，将他就地免职，重新任命司马光为宰相。

墙倒众人推，鼓破万人捶。王安石既然已被罢官，很多官员跳出来告他黑状，一时诉状如雪片。皇帝要治王安石的罪，征求司马光的意见。很多人都以为，王安石害司马光丢了官，现在正是报复的好时机。然而司马光恳切地告诉皇帝，王安石疾恶如仇，胸怀坦荡，忠心耿耿，有古君子之风，万万不可治罪。

皇帝听完司马光的话，说了一句："卿等皆君子也！"

65. 子贡问曰："乡人皆好之，何如？"子曰："未可也。""乡人皆恶之，何如？"子曰："未可也。不如乡人之善者好之，其不善者恶之。"（13.24）

｜注释｜

好：爱好。恶：厌恶。

｜译文｜

子贡问孔子说："全乡人都喜欢、赞扬他，这个人怎么样？"孔子说："不能肯定。"子贡又问："全乡人都厌恶、憎恨他，这个人怎么样？"孔子说："也不能肯定。最好是全乡的好人都喜欢他，坏人都厌恶他。"

｜评析｜

孔子不以简单的多数少数判断人的善恶，这是极有见地的。一个人应该有明确的是非观念，疾恶如仇，但这样的人难免会得罪人，遭恶人攻击。谁都不得罪的，那叫乡愿（老好人）。

乡愿

乡愿，是一乡之人都称之为老好人的人，即好好先生，伪善者，伪君子。这些人看似忠厚，实际没有道德准则，甚至见人说人话，见鬼说鬼话。

孔子认为，"乡人皆好之"的人不是好人，真正的好人是"乡人之善者好之，其不善者恶之"。可见孔子主张和谐宽容、谦让恭敬，但绝不和稀泥当老好人，在大是大非原则问题上黑白分明！孔子对乡愿极为反感，正言厉色地斥之为道德的盗贼。（"乡愿，德之贼也。"）孔子还说过另一句意思相关的话："众恶之，必察焉；众好之，必察焉。"

孟子认为乡愿是言行不一，当面一套，背后一套，四方讨好，八面玲珑的人。这种人随波逐流，趋炎媚俗，实质上是道德败坏的小人。

"乡愿"现在多指没有明确立场，只求安于现状，安身保命，为不得罪其他人不惜损害道德良心的人。

宪问第十四

特级教师 教你读 论语百句

本篇概述

篇名取自首章"宪问耻",意思是原宪问什么叫耻辱。

本篇共44章。主要内容是孔子和弟子讨论为人修身之道,以及对古人的评价:

君子必须具备的品德;孔子对一些人物的评论;孔子"见利思义"的义利观。

《宪问》全文

1. 宪问耻。子曰:"邦有道,谷;邦无道,谷,耻也。""克、伐、怨、欲不行焉,可以为仁矣?"子曰:"可以为难矣,仁则吾不知也。"

2. 子曰:"士而怀居,不足以为士矣。"

3. 子曰:"邦有道,危言危行;邦无道,危行言孙。"

4. 子曰:"有德者必有言,有言者不必有德。仁者必有勇,勇者不必有仁。"

5. 南宫适问于孔子曰:"羿善射,奡荡舟,俱不得其死然。禹、稷躬稼而有天下。"夫子不答。南宫适出,子曰:"君子哉若人!尚德哉若人!"

6. 子曰:"君子而不仁者有矣夫,未有小人而仁者也。"

7. 子曰:"爱之,能勿劳乎? 忠焉,能勿诲乎?"

8. 子曰:"为命,裨谌草创之,世叔讨论之,行人子羽修饰之,东里子产润色之。"

9. 或问子产。子曰："惠人也。"问子西。曰："彼哉！彼哉！"问管仲。曰："人也。夺伯氏骈邑三百，饭疏食，没齿无怨言。"

10. 子曰："贫而无怨难，富而无骄易。"

11. 子曰："孟公绰为赵、魏老则优，不可以为滕、薛大夫。"

12. 子路问成人。子曰："若臧武仲之知，公绰之不欲，卞庄子之勇，冉求之艺，文之以礼乐，亦可以为成人矣。"曰："今之成人者何必然？见利思义，见危授命，久要不忘平生之言，亦可以为成人矣。"

13. 子问公叔文子于公明贾曰："信乎，夫子不言，不笑，不取乎？"公明贾对曰："以告者过也，夫子时然后言，人不厌其言；乐然后笑，人不厌其笑；义然后取，人不厌其取。"子曰："其然？岂其然乎？"

14. 子曰："臧武仲以防求为后于鲁，虽曰不要君，吾不信也。"

15. 子曰："晋文公谲而不正，齐桓公正而不谲。"

16. 子路曰："桓公杀公子纠，召忽死之，管仲不死。"曰："未仁乎？"子曰："桓公九合诸侯，不以兵车，管仲之力也。如其仁，如其仁。"

17. 子贡曰："管仲非仁者与？桓公杀公子纠，不能死，又相之。"子曰："管仲相桓公，霸诸侯，一匡天下，民到于今受其赐。微管仲，吾其被发左衽矣。岂若匹夫匹妇之为谅也，自经于沟渎而莫之知也？"

18. 公叔文子之臣大夫僎与文子同升诸公。子闻之曰："可以为'文'矣。"

19. 子言卫灵公之无道也，康子曰："夫如是，奚而不丧？"孔子曰："仲叔圉治宾客，祝鮀治宗庙，王孙贾治军旅。夫如是，奚其丧？"

20. 子曰："其言之不怍，则为之也难。"

21. 陈成子弑简公。孔子沐浴而朝，告于哀公曰："陈恒弑其君，请讨之。"公曰："告夫三子！"孔子曰："以吾从大夫之后，不敢不告也。君曰'告夫三子'者！"之三子告，不可。孔子曰："以吾从大夫之后，不敢不告也。"

22. 子路问事君。子曰："勿欺也，而犯之。"

23. 子曰："君子上达，小人下达。"

24. 子曰："古之学者为己，今之学者为人。"

25. 蘧伯玉使人于孔子。孔子与之坐而问焉，曰："夫子何为？"对曰："夫子欲寡其过而未能也。"使者出。子曰："使乎！使乎！"

26. 子曰："不在其位，不谋其政。"曾子曰："君子思不出其位。"

27. 子曰："君子耻其言而过其行。"

28. 子曰："君子道者三，我无能焉：仁者不忧，知者不惑，勇者不惧。"子贡曰："夫子自道也。"

29. 子贡方人。子曰："赐也，贤乎哉？夫我则不暇。"

30. 子曰："不患人之不己知，患其不能也。"

31. 子曰："不逆诈，不亿不信，抑亦先觉者，是贤乎！"

32. 微生亩谓孔子曰："丘何为是栖栖者与？无乃为佞乎？"孔子曰："非敢为佞也，疾固也。"

33. 子曰："骥不称其力，称其德也。"

34. 或曰："以德报怨，何如？"子曰："何以报德？以直报怨，以德报德。"

35. 子曰："莫我知也夫！"子贡曰："何为其莫知子也？"子曰："不怨天，不尤人，下学而上达。知我者其天乎！"

36. 公伯寮愬子路于季孙。子服景伯以告，曰："夫子固有惑志于公伯寮，吾力犹能肆诸市朝。"子曰："道之将行也与，命也。道之将废也与，命也。公伯寮其如命何！"

37. 子曰："贤者辟世，其次辟地，其次辟色，其次辟言。"子曰："作者七人矣。"

38. 子路宿于石门。晨门曰："奚自？"子路曰："自孔氏。"曰："是知其不可而为之者与？"

39. 子击磬于卫，有荷蒉而过孔氏之门者，曰："有心哉，击磬乎！"既而曰："鄙哉！硁硁乎！莫己知也，斯己而已矣，深则厉，浅则揭。"子曰："果哉！未之难矣。"

40. 子张曰："书云：'高宗谅阴，三年不言。'何谓也？"子曰："何必高宗，古之人皆然。君薨，百官总己以听于冢宰三年。"

41. 子曰："上好礼，则民易使也。"

42. 子路问君子。子曰："修己以敬。"曰："如斯而已乎？"曰："修己以安人。"曰："如斯而已乎？"曰："修己以安百姓。修己以安百姓，尧舜其犹病诸？"

43. 原壤夷俟。子曰："幼而不孙弟，长而无述焉，老而不死，是为贼。"以杖叩其胫。

44. 阙党童子将命。或问之曰："益者与？"子曰："吾见其居于位也，见其与先生并行也。非求益者也，欲速成者也。"

66.子曰："邦有道，危言危行；邦无道，危行言孙。"（14.3）

| 注释 | 危：直，正直。孙：同"逊"，随和，恭顺。 |

| 译文 | 孔子说："国家有道，要直言正行；国家无道，还要正直，但说话要随和谨慎。" |

评析

孔子几次提到邦有道和无道的问题。前文说过："天下有道则见，无道则隐。邦有道，贫且贱焉，耻也。邦无道，富且贵焉，耻也。"孔子还认为，做官的人无论国家有道还是无道，都照样拿俸禄的人，就是无耻。这里孔子要求自己的学生，当国家有道时，可以直述其言；但国家无道时，就要注意说话的方式方法。只有这样，才可以避免祸端。

历史故事

危行言孙的冯道

冯道，号称"长乐老人"，五代时历仕后唐、后晋、后汉、后周四朝十君。他所处的时代，正是社会大动荡、大变革时期，也正是社会"无道"之时，但他竟拜相20余年，被称为"官场不倒翁"。原因何在？就在"危行言孙"。

他刻苦俭约，在随军当掌书记时，住在草棚中，连床和卧具都不用，就直接睡在草上；领到俸禄就与随从、仆人一起花，与下属吃一样的伙食；将士抢来美女献给他，他都婉言谢绝，实在推却不了的，就另外找间屋子养

119

着，待找到家人后再送回去。冯道不贪财、不好色、不受贿，加上说话谨慎小心，从不乱发牢骚和抱怨，以致无懈可击。因此能拜相四朝、历数十年而不倒。

67．子曰："君子耻其言而过其行。"（14.27）

注释

耻：以……为耻。

译文

孔子说："君子认为说得多而做得少是可耻的。"

评析

孔子希望人们少说多做，而不要只说不做或多说少做。他反对口若悬河，滔滔不绝，说大话、套话、空话、假话等。

可参见"巧言令色"和"讷于言而敏于行"之句。

68．子曰："君子道者三，我无能焉：仁者不忧，知者不惑，勇者不惧。"（14.28）

注释

知：同"智"。

译文

孔子说："君子之道有三个方面，我没能做到：仁德的人不忧愁，聪明的人不迷惑，勇敢的人不畏惧。"

评析

孔子多次说到，君子要做到仁、智、勇，这是完美人格的体现。也就是说人如果有一颗博爱之心，有人生智慧，有勇敢坚强的意志，那么他就必然会具有良好的心理和精神状态，这样的人将无往而不胜。

69. 子曰："莫我知也夫！"子贡曰："何为其莫知子也？"子曰："不怨天，不尤人，下学而上达。知我者其天乎！"（14.35）

注释　莫：没有人。莫我知："莫知我"的倒装，没有人了解我。尤：责怪。其："何为其莫知子也"的"其"，表示疑问语气，不译；"知我者其天乎"的"其"，表示猜测语气，译作"大概"。

译文　孔子说："没有人理解我啊！"子贡说："怎么能说没有人理解您呢？"孔子说："我不埋怨天，也不责备人，下学礼乐而上达天命。理解我的只有天吧！"

|评析|

成语"怨天尤人"出于此处。

|古汉语课堂|

否定句中代词宾语前置

古汉语有一种习惯，简言之就是：否定句中，代词宾语前置。这一则中的"莫我知也夫"就是。在这个句子中，因有否定词"莫"，属于否定句。"知"是动词，"我"是它的宾语。按照现代汉语习惯，这句话应说"莫知我"，但在古汉语中，往往说成"莫我知"。再举例如下：

三岁贯汝，莫我肯顾。（《诗经·硕鼠》）

然而不王者，未之有也。（《孟子·寡人之于国也》）

是以后世无传焉，臣未之闻也。（《孟子·齐桓晋文之事》）

古之人不余欺也！（苏轼《石钟山记》）

若干成语也保留了这种句法，如：时不我待。

语气副词"其"

"其"字常用来作代词，表示"他的"，但有时候也作副词，加强某种语气。具体加强什么语气呢？用在什么句中就加强什么语气。例如：

何为其莫知子也？"其"，表示疑问语气，不译。

知我者其天乎！"其"，表示猜测语气，译作"大概"。

中庸之为德也，其至矣乎！民鲜久矣。"其"表示肯定语气，不译。

其恕乎！己所不欲，勿施于人。"其"也表示猜测语气，译作"大概"。

故事

曾国藩教育弟弟

曾国藩的弟弟曾国华一向以文章自诩，曾国藩也曾夸他文章"典丽"，可惜科场失意。于是曾国华怨天尤人，不但抱怨老天不公，而且抱怨老婆不凶，没有激励他上进，抱怨哥哥没给他介绍什么好工作。他写信刺激哥哥，说自己没脸见爹娘，要买一块猪肚，蒙住脸，然后才好意思回家。

这话让老曾很生气，他写信指责曾国华："牢骚太多，性情太懒！"并警告他"牢骚太甚，必多抑塞"（牢骚发多了，会堵塞你的运气）。接着他写下了一句至理名言：

无故而怨天，则天必不许；

无故而尤人，则人必不服。

卫灵公第十五

本篇概述

篇名取自首句"卫灵公问阵于孔子"。孔子对曰:"俎豆之事,则尝闻之矣;军旅之事,未之学也。"明日遂行。

意思是:卫灵公问孔子作战列阵的方法。孔子回答说:"礼仪的事情,我曾听说过。军队的事情,我没有学过。"第二天就离开了卫国。

本篇共42章。主要内容为:

孔子论君子与小人;孔子的教育思想和政治思想。

《卫灵公》全文

1. 卫灵公问阵于孔子。孔子对曰:"俎豆之事,则尝闻之矣;军旅之事,未之学也。"明日遂行。

2. 在陈绝粮,从者病,莫能兴。子路愠见曰:"君子亦有穷乎?"子曰:"君子固穷,小人穷斯滥矣。"

3. 子曰:"赐也,女以予为多学而识之者与?"对曰:"然。非与?"曰:"非也,予一以贯之。"

4. 子曰:"由!知德者鲜矣。"

5. 子曰:"无为而治者其舜也与?夫何为哉?恭己正南面而已矣。"

6. 子张问行。子曰:"言忠信,行笃敬,虽蛮貊之邦,行矣。言不忠信,行不笃敬,虽州里,行乎哉?立则见其参于前也,在舆则见其倚于衡也，夫然后行。"子张书诸绅。

7. 子曰："直哉史鱼！邦有道，如矢；邦无道，如矢。君子哉蘧伯玉！邦有道，则仕；邦无道，则可卷而怀之。"

8. 子曰："可与言而不与之言，失人；不可与言而与之言，失言。知者不失人，亦不失言。"

9. 子曰："志士仁人，无求生以害仁，有杀身以成仁。"

10. 子贡问为仁，子曰："工欲善其事，必先利其器。居是邦也，事其大夫之贤者，友其士之仁者。"

11. 颜渊问为邦。子曰："行夏之时，乘殷之辂，服周之冕，乐则《韶》《舞》，放郑声，远佞人。郑声淫，佞人殆。"

12. 子曰："人无远虑，必有近忧。"

13. 子曰："已矣乎！吾未见好德如好色者也。"

14. 子曰："臧文仲其窃位者与！知柳下惠之贤而不与立也。"

15. 子曰："躬自厚而薄责于人，则远怨矣。"

16. 子曰："不曰'如之何，如之何'者，吾未如之何也已矣。"

17. 子曰："群居终日，言不及义，好行小慧，难矣哉！"

18. 子曰："君子义以为质，礼以行之，孙以出之，信以成之。君子哉！"

19. 子曰："君子病无能焉，不病人之不己知也。"

20. 子曰："君子疾没世而名不称焉。"

21. 子曰："君子求诸己，小人求诸人。"

22. 子曰："君子矜而不争，群而不党。"

23. 子曰："君子不以言举人，不以人废言。"

24. 子贡问曰："有一言而可以终身行之者乎？"子曰："其'恕'乎！己所不欲，勿施于人。"

25. 子曰："吾之于人也，谁毁谁誉？如有所誉者，其有所试矣。斯民也，三代之所以直道而行也。"

26. 子曰："吾犹及史之阙文也。有马者借人乘之，今亡矣夫！"

27. 子曰："巧言乱德。小不忍，则乱大谋。"

28. 子曰："众恶之，必察焉；众好之，必察焉。"

29. 子曰："人能弘道，非道弘人。"

30. 子曰："过而不改，是谓过矣。"

31. 子曰："吾尝终日不食，终夜不寝，以思，无益，不如学也。"

32. 子曰："君子谋道不谋食。耕也，馁在其中矣；学也，禄在其中矣。君子忧道不忧贫。"

33. 子曰："知及之，仁不能守之，虽得之，必失之。知及之，仁能守之，不庄以涖之，动之不以礼，未善也。"

34. 子曰："君子不可小知而可大受也，小人不可大受而可小知也。"

35. 子曰："民之于仁也，甚于水火。水火，吾见蹈而死者矣，未见蹈仁而死者也。"

36. 子曰："当仁，不让于师。"

37. 子曰："君子贞而不谅。"

38. 子曰："事君，敬其事而后其食。"

39. 子曰："有教无类。"

40. 子曰："道不同，不相为谋。"

41. 子曰："辞达而已矣。"

42. 师冕见，及阶，子曰："阶也。"及席，子曰："席也。"皆坐，子告之曰："某在斯，某在斯。"师冕出。子张问曰："与师言之道与？"子曰："然。固相师之道也。"

70. 子曰："君子固穷，小人穷斯滥矣。"（15.2）

注释

穷：不是贫穷之意。在古文中，贫穷称作"贫"，而穷，是不得志。其反义词是"达"，其典型例句如"穷则独善其身，达则兼济天下"。屈原《涉江》说"吾不能变心而从俗兮，固将愁苦而终穷"，意思是：我不能改变自己的心志去随从世俗啊，定将愁苦潦倒，终生穷困不得志。屈原作为三闾大夫，管理王室的成员绝不可能贫穷，只是不得志，抱负不得伸展而已。

固：固守。

滥：不加选择，不加节制。例如滥用职权、宁缺毋滥。这里译作胡来。

孔子说："君子能够固守穷困（安贫乐道，不失君子节操），小人穷困时就会胡来。"

成语

"穷"了怎么办？古人告诉你

穷，形容境遇困苦不得志。那么"穷"了怎么办？古语告诉你：

● 穷且益坚。处境越穷困，意志应当越坚定。语出《后汉书·马援传》："丈夫为志，穷当益坚，老当益壮。"

● 穷则思变。在穷困艰难的时候，就要想办法改变现状。语出《易经·系辞下》："穷则变，变则通，通则久。"

● 穷而后工。旧时认为文人越是穷困不得志，诗文就写得越好。清代赵翼《题遗山诗》说"国家不幸诗家幸，赋到沧桑句便工"，与此意同。

所以恭喜你，你"穷"了，可能就该有更大成就了。当然，这需要你穷且益坚，穷则思变。

人物

司马迁穷且益坚著《史记》

司马迁的父亲司马谈是汉朝的太史令，他立志编写一部史书，记载从黄帝到汉武帝这2600年间的历史，可惜一生没能实现，于是把这一心愿寄托给儿子司马迁。司马迁牢记父亲的嘱托，发愤图强，刻苦读书，每天研读历史文献，整理各种资料，写作这部书。但因为他替李陵将军辩护，触怒了汉武帝，汉武帝对他施以宫刑（割去生殖器），这是一种巨大的耻辱。而司马迁尽力克制自己，忍着巨大的耻辱和痛苦发愤写作，用了整整18年时间，在他60岁时，终于完成了这部52万字的辉煌巨著——《史记》。

71. 子曰："可与言而不与之言，失人；不可与言而与之言，失言。知者不失人，亦不失言。"（15.8）

知：同"智"。

孔子说："可以同他谈的话，却不同他谈，就会失掉朋友；不可以同他谈的话，却同他谈，就是说错了话。有智慧的人既不会失去朋友，又不会说错话。"

典故

一个故事制止一场战争，挽救两个国家

春秋时期，吴王决定攻打楚国，他对身边的大臣们说："谁要是敢来劝阻我，我就砍掉他的脑袋！"一个年轻的侍卫官想劝阻吴王，却又不敢。于是他找机会给吴王讲了一个"螳螂捕蝉，黄雀在后"的故事，吴王听了恍然大悟，取消了攻打楚国的计划。

"鹬蚌相争"是战国谋士苏代给赵惠文王讲的一则故事。当时赵国正在攻打燕国，苏代认为赵国和燕国争战不休，必定让秦国得"渔翁之利"。惠文王听了，便中止了这场战争。

一个故事制止了一场战争，挽救了两个国家。三寸舌可胜百万兵啊！

72. 子曰："志士仁人，无求生以害仁，有杀身以成仁。"（15.9）

仁：仁义，仁政，孔子思想的核心。

孔子说："有志向有仁德的人，不会因贪生怕死而损害仁道，却会牺牲生命以成就仁道。"

评析

后来演化出成语"杀身成仁",还常常与"舍生取义"连用。

成语

取义成仁

舍生取义,出自《孟子·告子上》:"生,我所欲也;义,亦我所欲也。二者不可得兼,舍生而取义者也。"

杀身成仁,出自《论语·卫灵公》:"志士仁人,无求生以害仁,有杀身以成仁。"

这两个成语亦可缩略为"取义成仁"。

知识积累

有关"杀身成仁"的名句

人生自古谁无死,留取丹心照汗青。——文天祥《过零丁洋》

生当作人杰,死亦为鬼雄。——李清照《夏日绝句》

苟利国家生死以,岂因祸福避趋之。——林则徐

历史人物

舍生取义、杀身成仁的文天祥

南宋末年,元军入侵。担任丞相的文天祥卖掉家产,招兵买马,组织了一支军队,抵抗元军。

可是,文天祥的兵马抵挡不住强大的元军骑兵,他被俘虏了。

元军将军劝文天祥说:"你们的朝廷就要亡了,你还是投降吧!"文天祥正气凛然地说:"我非贪生怕死之辈,你休想我投降!"

当押送文天祥的船经过零丁洋时,元军统帅张弘范逼他写信招降南宋在海上抵抗的将领张世杰等人,文天祥写下了慷慨激昂的《过零丁洋》以明志

节，其中有"人生自古谁无死，留取丹心照汗青"的名句。

1279年，南宋最后一支军队被元军逼进了大海。大臣陆秀夫怕小皇帝赵昺落在敌人手中，于是便背着赵昺跳海自尽，南宋灭亡。

元军将军再劝文天祥："你们的朝廷已经灭亡了，只要你归顺大元，保你尽享荣华富贵！"文天祥回答："我是大宋丞相，今天既然落到你们手里，要杀就杀，决不投降！"元军将军恼羞成怒说："我把你关进监狱，让你受苦！"文天祥冷笑一声："哼！我死都不怕，还怕受苦？"

文天祥被关了四年。在狱中，他写下了对祖国一片忠心的《正气歌》。

有一天，元世祖亲自审问文天祥，说："如果你肯回心转意，我仍封你做丞相。"文天祥悲愤地说："国家已亡，我只求以死报国。"

文天祥坚决不投降，元世祖就下令杀了他。

行刑前，文天祥问围观的群众哪儿是南方，然后向南方的故国拜了几拜，便端端正正坐了下来，对监斩官说："我的事结束了，你动手吧。"公元1283年1月，这位47岁的抗元英雄壮烈牺牲。

▌典故

文天祥的"衣带诏"

文天祥就义之后，妻子欧阳氏收尸时发现他的衣带中有一张字条："孔曰成仁，孟曰取义。惟其义尽，所以仁至。读圣贤书，所学何事？而今而后，庶几无愧。"意思是：孔子说成仁，孟子说取义，因为他们将道义发挥到极致，所以仁德也到了极致。读圣贤书籍，学得了什么呢？从今往后，就几乎没有什么可惭愧的了。

文天祥纪念馆

北京的文天祥纪念馆亦名文丞相祠，即当年文天祥被关押的土牢旧址，地址在北京东城区府学胡同63号。在文天祥的老家，今江西吉安，亦建有文天祥纪念馆。

江西吉安文天祥纪念馆

73. 子曰："工欲善其事，必先利其器。"（15.10）

注释

工：工匠。器：工具。

译文

孔子说："工匠要想做好他的工作，一定要先把他的工具磨锐利。"

评析

比喻要做好一件事，工具和准备工作非常重要。那么对于人生来说，什么"工具"最重要？

小资料

胡适论"人生最重要的工具"

古人说："工欲善其事，必先利其器。"中学生要将来有成就，便应该注意到"求工具"——学业上，事业上，求知识上所需要的工具。

第一种工具是语言文字。不论就业或升学，以我个人的经验和观察所得，语言文字是最需要的工具……语言文字，可以说是中学时期应该求得的工具当中非常重要的了。在中学时期如果没有打好语言文字的基础，以后做学问非常的困难。而且过了这个时期，很少能够把语言文字弄好的。（胡适《中学生的修养与择业》）

华罗庚：语文天生重要

华罗庚教授身为数学家，却对语文学习十分重视。他语重心长地说："要打好基础，不管学文学理，都要学好语文。因为语文天生重要。不会说话，不会写文章，行之不远，存之不久。"

74．子曰："人无远虑，必有近忧。"（15.12）

译文

孔子说："人没有长远的考虑，一定会有眼前的忧患。"

评析

这句话提倡深谋远虑。

哲理

用20%的时间处理眼前的紧要事情

一位哲人这样安排"远虑"与"近忧"：人生有很多要做的事，但归纳起来只有两类：一类是眼前紧要的，一类是未来重要的。许多人不成功是因为把大部分时间和精力都花在眼前的紧要事情上，而无暇去规划未来。正确的做法是：用20%的时间处理眼前的紧要事情，而把80%的时间留给未来，去做那些暂时没有收益但以后很重要的事情。

75．子曰："躬自厚而薄责于人，则远怨矣。"（15.15）

注释

躬自厚：严格要求和责备自己。

| 译文 | 孔子说："多责备自己而少责备别人，那就可以避免别人的怨恨了。"

| 评析 |

严于律己，宽以待人之意。

76. 子曰："群居终日，言不及义，好行小慧，难矣哉！"（15.17）

| 注释 | 小慧：小聪明。

| 译文 | 孔子说："整天聚在一块，说的都是不合道义的话，专好卖弄小聪明，这种人真难教导啊。"

| 评析 |

小慧，是小聪明。智慧分为大智与小慧，大智往往若愚，而小慧即小聪明。

| 名人名言 |

大巧若拙，大音希声，大象无形。——老子
大勇若怯，大智如愚。——苏轼

| 搜索阅读 |

杨修之死

《三国演义》中的杨修是个绝顶聪明的人，例如在给曹操建造花园时，曹操在园门上写了一个"活"字，工匠们都猜不透是什么意思，而杨修说，门上加"活"是个"阔"字，丞相嫌门太阔了。然后改造园门，曹操很满意。

曹操欲试曹丕、曹植之才干。杨修为曹植作了十余条"备考答案"，曹操每以军国之事问曹植，曹植都对答如流，于是曹操认为曹植有能力。

但是，这么聪明绝顶的杨修后来竟被曹操杀了！为什么？因为杨修的聪明都是小聪明。

77．子曰："君子求诸己，小人求诸人。"（15.21）

一注释一 诸："之于""之乎"的合音词。

一译文一 孔子说："君子求自己，小人求别人。"

|评析|

这一则强调自立自强。

|哲理故事|

求人不如求己

宋孝宗驾临杭州天竺山，到灵隐寺，住持相随侍奉。孝宗见到飞来峰，问："既是飞来的，怎么不飞走呢？"住持回答："一动不如一静。"又见到观音菩萨像，手里拿着念珠，孝宗问："观音菩萨手里拿着念珠干什么？"住持回答："要念观音菩萨。"又问："为什么要念诵自己呢？"住持说："求人不如求己啊！"

78．子曰："君子矜而不争，群而不党。"（15.22）

一注释一 矜（jīn）：庄重。

孔子说:"君子庄重而不与别人争执,合群而不结党营私。"

说文解字

党

甲骨文、金文未见。小篆是形声字,从黑,尚声。繁体字写作"黨"。"党"本是"黨"的异体字。后来"黨"简化为"党"。党本是古代的户籍编制单位。《周礼·地官·大司徒》:"五族为党。"汉末训解词义的书《释名》解释:"五百家为党。"乡党,就是家乡、乡里,引申为朋党,由私人利害关系结成的小集团。例如欧阳修写有《朋党论》。保留在现代汉语中的有死党、余党、党羽等词。用作动词,就是结伙、结党。《论语》说"君子不党""群而不党",意思是君子不结党营私。

注意,在古代,"党"指集团、朋党时,一般只用于贬义。

文史知识

古代的"党"和党争

古代的"党"不同于今天的政党,而是官员为权势和利益结成的政治集团,称作"朋党"。中国历史上著名的"党"和党争有:

晚唐"牛党"和"李党" 是唐朝后期统治集团内部争权夺利的宗派。"牛党"是指以牛僧孺、李宗闵为首的官僚集团;"李党"是指以李德裕为首的官僚集团。牛党大多是科举出身,门第卑微,靠寒窗苦读考取进士,获得官职。李党大多出身世家大族,门第显赫,他们往往依靠父祖的高官地位而进入官场,称为"门荫"出身。

北宋王安石与司马光两党 宋神宗时国家积弱,国库空虚,所以用王安石为相,实行改革。但是王安石的青苗法、保甲法等,立意虽好,却执行不当,因此司马光、欧阳修等人反对,要废新法,两派结党相争。王安石刚愎自用,认为反对他的人都是"俗流",是尧舜时的"四凶",于是大肆整肃,控制言论,反对者下狱的下狱,流放的流放,连苏东坡都因在诗中感叹时事而下狱。

明末东林党与阉党 东林党源于无锡的东林书院，开创者为顾宪成，外加高攀龙等人。东林党吸引着许多有志之士，他们常在讲学之际，讽议朝政、评论官吏，要求廉正奉公，反对权贵贪纵枉法。这些针砭时政的主张得到当时社会的广泛同情与支持。阉党是以魏忠贤为代表的宦官专权集团，一大批朝官也依附其权势，阉党势力达到历代顶峰。阉党把持朝政，对东林党人残酷镇压，最终为明朝的灭亡埋下了深深的伏笔。

79．子曰："君子不以言举人，不以人废言。"（15.23）

注释 举：推举，举荐。废：废除，否定。

译文 孔子说："君子不凭一个人说的话来举荐他，也不因一个人不好而否定他说的话。"

历史教训

"以言举人"坏大事

战国时期的赵孝成王以言取人，任用了只会纸上谈兵的赵括替代老将廉颇，结果赵军在长平之战中大败，四十万赵军被活埋。

三国时期，诸葛亮素有知人之明，但也同样犯了以言举人的毛病，用了言过其实、不懂实战的马谡当大将，结果失了街亭，最后不得不"挥泪斩马谡"。

80．子贡问曰："有一言而可以终身行之者乎？"子曰："其'恕'乎！己所不欲，勿施于人。"（15.24）

注释 言：字。其：语气词，表示猜测。

子贡问孔子："有没有一个字可以终身奉行呢?"孔子回答:"那就是'恕'吧! 自己不愿意的,不要强加给别人。"

评析

因为孔子提倡"恕",孔子的思想,也被称为"忠恕之道"。

你知道吗

联合国大厦的"孔子语录"

联合国大厦三楼大厅有一幅用马赛克镶嵌而成的彩色大型壁画,壁画主题叫"黄金法则":"Do unto others, as you would have them do unto you."这句话译为现代汉语是"你不想人家那样对待你,你也不要那样对待别人";若翻译成文言文就是"己所不欲,勿施于人"。

81. 子曰:"巧言乱德。小不忍,则乱大谋。"(15.27)

译文

孔子说:"花言巧语会败坏道德。小事不忍耐,就会坏大事。"

趣味资料

唐寅《百忍歌》

百忍歌,百忍歌,人生不忍将奈何? 我今与汝歌百忍,汝当拍手笑呵呵! 朝也忍,暮也忍。耻也忍,辱也忍。苦也忍,痛也忍。饥也忍,寒也忍。欺也忍,怒也忍。是也忍,非也忍。方寸之间当自省……君不见如来割身痛也忍,孔子绝粮饥也忍,韩信胯下辱也忍,闵子单衣寒也忍,师德唾面羞也忍,不疑诬金欺也忍,张公九世百般忍。好也忍,歹也忍,都向心头自思忖。囫囵吞却栗棘蓬,恁时方识真根本!

趣味典故

师德笑受唾面

娄师德是唐朝大臣、名将，为人宽厚，深沉有度量，他的忍让在历史上也是非常出名的。其弟授任代州刺史，将要赴任时，娄师德问他："吾备位宰相，汝复为州牧，荣宠过盛，人所疾也，将何以自免？"其弟跪下说："自今虽有人唾某面，某拭之而已，庶不为兄忧。"娄师德神色忧虑地说："此所以为吾忧也！人唾汝面，怒汝也；汝拭之，乃逆其意，所以重其怒。夫唾，不拭自干，当笑而受之。"（《资治通鉴》）

不疑诬金

直不疑是西汉的大臣，生平事迹见于《史记》：

塞侯直不疑者，南阳人也，为郎，事文帝。其同舍有告归，误持同舍郎金去。

已而金主觉，妄意不疑。不疑谢有之，买金偿。而告归者来而归金，而前郎亡金者大惭。以此称为长者。

大意：直不疑同办公室的同事请假回家，不小心错拿走了同事的钱，后者疑心是直不疑偷的。可是这位直不疑先生却公然承认谢罪，并且赔了钱。直到错拿钱的同事回来偿还原金，才证明了直不疑的清白。丢钱的那位仁兄羞愧万分，直不疑因此以宽宏大度出了名。

82．子曰："过而不改，是谓过矣。"（15.30）

注释

过：过错。是：这。

译文

孔子说："有过错而不改正，这也是过错。"

参见后文第97条：子夏曰："小人之过也必文。"第98条：子贡曰："君子之过也，如日月之食焉。过也，人皆见之；更也，人皆仰之。"

典故

周处改过

周处是晋代义兴阳羡人。父亲周鲂是吴国鄱阳太守。周处不到二十岁就臂力过人，好骑马驱驰田猎，不修小节，纵情恣欲，横行乡里，州里乡曲以他为祸患。有一次他问父老："现在时政和谐，年成丰收，因何不快乐呢？"父老感叹："三害未除，哪有什么快乐？"周处问三害指的是什么，父老回答道："南山有白额猛虎，水中有凶猛的鳄鱼，再加上你，就是三害。"周处说："这样的祸患，我能除掉它们。"父老激励："你若能除掉三害，那就是全郡的大幸事。"周处便进山射死了猛虎，又跳到水中与鳄鱼搏斗。鳄鱼时沉时浮，游了几十里，而周处同它一道沉浮，三天三夜也没回来。人们以为周处被鳄鱼咬死了，纷纷举酒庆贺。

周处杀死了鳄鱼回来，听说乡里庆贺，才知道自己被厌恶至极，便到吴国寻找大文豪陆机、陆云。当时陆机不在，见到陆云，具以实情相告："我想修养操行，但年纪已大，恐怕来不及了。"陆云说："古人说，'朝闻道，夕死可矣'，你前途灿烂，应担心志向不立，何必忧虑美名不彰呢？"于是周处便磨砺意志，发奋苦学。他既有文才，又有讲仁义刚烈的志气，说话讲究忠信，注意克制自己，最后成为一代名将。

[原文]

周处，字子隐，义兴阳羡人也。父鲂，吴鄱阳太守。处少孤，未弱冠，臂力绝人，好驰骋田猎，不修细行，纵情肆欲，州曲患之。处自知为人所恶，乃慨然有改励之志，谓父老曰："今时和岁丰，何苦而不乐耶？"父老叹曰："三害未除，何乐之有！"处曰："何谓也？"答曰："南山白额猛兽，长桥下蛟，并子为三矣。"处曰："若此为患，吾能除之。"父老曰："子若除之，则一郡之大庆，非徒去害而已。"处乃入山射杀猛兽，因投水搏蛟，蛟或沉或浮，行数十里，而处与之俱，经三日三夜，人谓死，皆相庆贺。处果杀蛟而反，闻乡里相庆，始知人患己之甚，乃入吴寻二陆。时机不在，见云，具以情告，曰："欲自修而年已蹉跎，恐将无及。"云曰："古人贵朝闻夕改，君前途尚可，且患志之不立，何忧名之不彰！"处遂励志好学，有文思，志存义烈，言必忠信克己。（《晋书·周处传》）

83. 子曰："吾尝终日不食，终夜不寝，以思，无益，不如学也。"（15.31）

注释 尝：曾经。寝：睡。

译文 孔子说："我曾经整天不吃饭，彻夜不睡觉，去左思右想，结果没有什么好处，还不如去学习。"

84. 子曰："君子谋道不谋食。耕也，馁在其中矣；学也，禄在其中矣。君子忧道不忧贫。"（15.32）

注释 馁（něi）：饥饿。禄：做官的俸禄。

译文 孔子说："君子谋求道义，不谋求衣食。耕田，常要饿肚子；学习，可以得到俸禄。君子只担心道义不能实行，不担心生活贫穷。"

趣味故事

神童汪洙

汪洙（zhū）是宋代浙江鄞县人，自幼聪明好学，九岁便能写诗，有神童之称。他的"神童"称呼，始于这样一个故事：

鄞县县令带领全县举人、秀才参拜孔庙。忽然发现大殿墙壁上，用木炭写有这样一首诗：颜回夜夜观星象，夫子朝朝雨打头。多少公卿从此出，何人肯把俸钱修。下边落款：**九龄童汪洙**。这诗十分幽默形象，"颜回夜夜观星象，夫子朝朝雨打头"是什么意思？

县令环视大殿，不光殿宇破败，房顶露出天空，孔子和颜回圣像也都缺额少肩，实在有损尊严。但转而一想，九岁孩童怎能写出这样的诗来？怕是有人假冒孩童之名，故意讽刺于我。想到这里，便吩咐差役："速去打听，这汪洙是何人，叫他前来见我。"

原来，汪洙的父亲叫汪元吉，就在县衙当差。因家境清贫，汪洙就帮家里牧鹅，利用晚上和牧鹅间隙读书写字。一天，汪洙到野外去放鹅，见孔庙前青草茂盛，便让鹅吃草，自个儿在树下读书。不料忽地一阵风过后，大雨从天而降，汪洙便赶紧收起书本，把鹅赶进孔庙避雨。一进庙门，只见殿宇破败，屋顶一个大窟窿，漏雨透风，圣像残破，鸟粪遍地。见殿角有烧剩的木炭，便拾起来在墙上题了这首诗，不想被县令发现。

县令查问汪洙，汪元吉正站在一旁，便赶紧下跪："这汪洙乃是卑职逆子，冒犯了大人，待我把他唤来，听凭老爷教训！"

汪元吉心急火燎赶回家里，一见汪洙便说："你闯大祸了！闯大祸了！还不快跟我去见老爷！"

汪洙不解地问："孩儿整天读书、牧鹅，安分守己，从来不做不肖之事，祸事从何说起？"

"你在孔庙里题了一首什么诗，今天被老爷发现，要我唤你去教训哩。"

"这算啥祸事哩。孩儿写的不都是实情吗？我这就跟爹爹去见他。"

汪洙跟父亲到了孔庙，拜见县令。县令问："这墙上的诗可是你写的？"

汪洙不慌不忙地回答："正是，还请老爷指教。"

"你为何要写这样的诗？"

汪洙说："只要老爷看看这庙，还能不知写这诗的用意吗？"

县令见他对答如流，心中暗喜，但仍有怀疑。便说："这样说来，这诗果真是你写的了？那可是神童了！"县令见汪洙穿着短小的衣衫，便嘲笑道："只是神童的衣衫好短哟，老爷我还没见过穿这样短衣衫的神童哩！"

汪洙听出县令还不相信诗是他写的，眼珠一转，智上心来，当着众人之面，向县令鞠了一躬，脱口吟道：

神童衫子短，袖大惹春风。未去朝天子，先来谒相公。

县令一听，果有才华，大喜："好诗！果是神童！将来定成大器！"

后来汪洙果然中了进士，官至观文殿大学士。还留下一部《神童诗》。

小资料

神童诗

《神童诗》，旧传汪洙所写。实际上并非全部出自他一人之手，而是历代有所增补。

《神童诗》都是格律工整的五言绝句，文字浅显易懂，适于做童蒙课本，是适合少年学诗的范本，也是鼓励奋进的"思品教材"。现选三首如下：

天子重英豪，文章教尔曹；万般皆下品，唯有读书高。

少小须勤学，文章可立身；满朝朱紫贵，尽是读书人。

朝为田舍郎，暮登天子堂；将相本无种，男儿当自强。

辩论探究

《神童诗》要不要读？

《论语》有言："耕也，馁在其中矣；学也，禄在其中矣。君子忧道不忧贫。"《神童诗》正好印证了这句话。

也有人批判《神童诗》，认为"万般皆下品，唯有读书高"，是看不起劳动人民；鼓励读书做官，是封建糟粕……

请你讨论或辩论：《神童诗》是封建糟粕吗？它在今天有没有正面意义？我们要不要读？

85. 子曰："当仁，不让于师。"（15.36）

译文

①孔子说："如果有仁义之事急需行动，即使老师不同意，也要勇敢地去做。"

②孔子说："面对着仁德，就是老师，也不同他谦让。"

这一句可以理解为，孔子鼓励弟子，勇于为仁付出，勇于实践仁的主张，不必一切都遵从老师的意见。

"仁"是孔子思想的核心，在仁德面前，即使是老师，也不谦让，这就把"仁"摆在了第一位，成了衡量一切是非善恶的最高准则。

名言

吾爱吾师，吾更爱真理

亚里士多德从17岁开始，师从柏拉图达20年之久。亚里士多德对老师是很崇敬的，师徒二人也是很好的朋友。然而在追求真理的征程中，亚里士多德也非常勇敢、坚决地批评老师的错误和缺点，在学术上同柏拉图存在一些分歧，于是有人就指责他背叛了老师。亚里士多德对此回敬了一句流传至今的名言："吾爱吾师，吾更爱真理！"

86.子曰："有教无类。"（15.39）

译文 孔子说："人人都应该接受教育，不分贫富贵贱。"

评析

孔子之前，学在官府，受教育的一般是贵族子弟。但孔子办学，各阶级、阶层子弟都接收。他说过，"自行束脩以上，吾未尝无诲焉"（只要交十条干肉的学费，我没有不教导他的）。所以，孔子不但开创了中国私人办学的历史，而且奠定了"有教无类"的基本思想，给各阶层，特别是贫寒子弟受教育的机会。"有教无类"思想是孔子对教育的重大贡献。

孔子门下的"官二代"和"贫困生"

孔子三十岁开始办学，凡是愿意来学的，不问家世，不分贵贱，一律施教。他一生弟子三千，其中有贵族弟子（官二代），如孟懿子、南宫敬叔两兄弟，他们的父亲是孟僖子，是鲁国最有权势的"三桓"之一。孔子要到洛阳拜访老子，南宫敬叔报请鲁君，鲁君不但准行，还遣一车二马一童一御，由南宫敬叔陪孔子前往。

孔子弟子中更多的是"贫困生"，如子路、仲弓、原宪、颜渊等。《孔子家语》说子路家贫，常"食藜藿之实"（吃野菜充饥）。仲弓父亲是"贱人"（地位低下之人）且品行不端。原宪，"环堵之室，茨以生草，蓬户瓮牖，揉桑以为枢，上漏下湿"，意思是家徒四壁，不但狭小，泥土的屋顶还长满了草，用草和树枝搭成的门破破烂烂，用破瓮做窗户，桑条做门轴，下雨时屋顶漏雨地下湿滑。颜渊"一箪食，一瓢饮，在陋巷"，"曲肱而枕之"，是典型的贫困生。

可以说，孔子有教无类，开了古代"平民教育"的先河。

季氏第十六

篇名取自首句"季氏将伐颛（zhuān）臾"的前两个字。季氏，是当时把持鲁国朝政的贵族。

本篇共14章。主要内容为：

孔子及其弟子的政治活动；与人相处和结交的原则；孔子论三戒、三畏、九思。

《季氏》全文

1.季氏将伐颛臾。冉有、季路见于孔子，曰："季氏将有事于颛臾。"

孔子曰："求！无乃尔是过与？夫颛臾，昔者先王以为东蒙主，且在邦域之中矣，是社稷之臣也。何以伐为？"

冉有曰："夫子欲之，吾二臣者皆不欲也。"

孔子曰："求！周任有言曰：'陈力就列，不能者止。'危而不持，颠而不扶，则将焉用彼相矣？且尔言过矣。虎兕出于柙，龟玉毁于椟中，是谁之过与？"

冉有曰："今夫颛臾，固而近于费。今不取，后世必为子孙忧。"

孔子曰："求！君子疾夫舍曰'欲之'而必为之辞。丘也闻有国有家者，不患寡而患不均，不患贫而患不安。盖均无贫，和无寡，安无倾。夫如是，故远人不服，则修文德以来之。既来之，则安之。今由与求也，相夫子，远

特级教师 教你读 论语百句

人不服而不能来也，邦分崩离析而不能守也，而谋动干戈于邦内。吾恐季孙之忧，不在颛臾，而在萧墙之内也。"

2. 孔子曰："天下有道，则礼乐征伐自天子出；天下无道，则礼乐征伐自诸侯出。自诸侯出，盖十世希不失矣；自大夫出，五世希不失矣；陪臣执国命，三世希不失矣。天下有道，则政不在大夫。天下有道，则庶人不议。"

3. 孔子曰："禄之去公室五世矣，政逮于大夫四世矣，故夫三桓之子孙微矣。"

4. 孔子曰："益者三友，损者三友。友直，友谅，友多闻，益矣。友便辟，友善柔，友便佞，损矣。"

5. 孔子曰："益者三乐，损者三乐。乐节礼乐，乐道人之善，乐多贤友，益矣。乐骄乐，乐佚游，乐宴乐，损矣。"

6. 孔子曰："侍于君子有三愆：言未及之而言谓之躁，言及之而不言谓之隐，未见颜色而言谓之瞽。"

7. 孔子曰："君子有三戒：少之时，血气未定，戒之在色；及其壮也，血气方刚，戒之在斗；及其老也，血气既衰，戒之在得。"

8. 孔子曰："君子有三畏：畏天命，畏大人，畏圣人之言。小人不知天命而不畏也，狎大人，侮圣人之言。"

9. 孔子曰："生而知之者上也；学而知之者次也；困而学之，又其次也；困而不学，民斯为下矣。"

10. 孔子曰："君子有九思：视思明，听思聪，色思温，貌思恭，言思忠，事思敬，疑思问，忿思难，见得思义。"

11. 孔子曰："见善如不及，见不善如探汤。吾见其人矣，吾闻其语矣。隐居以求其志，行义以达其道。吾闻其语矣，未见其人也。"

12. 齐景公有马千驷，死之日，民无德而称焉。伯夷、叔齐饿于首阳之下，民到于今称之。其斯之谓与？

13. 陈亢问于伯鱼曰："子亦有异闻乎？"对曰："未也。尝独立，鲤趋而过庭。曰：'学《诗》乎？'对曰：'未也。''不学《诗》，无以言。'鲤退而学《诗》。他日，又独立，鲤趋而过庭。曰：'学礼乎？'对曰：'未也。''不学礼，无以立。'鲤退而学礼。闻斯二者。"陈亢退而喜曰："问一得三：闻《诗》，闻礼，又闻君子之远其子也。"

14. 邦君之妻，君称之曰"夫人"，夫人自称曰"小童"；邦人称之曰"君夫人"，称诸异邦曰"寡小君"；异邦人称之，亦曰"君夫人"。

87. 孔子曰："益者三友，损者三友。友直，友谅，友多闻，益矣。友便辟，友善柔，友便佞，损矣。"（16.4）

注释
谅：诚信。
便辟（piánbì）：善于逢迎谄媚；指奸邪小人。
善柔：阿谀奉承。
便佞（piánnìng）：花言巧语。

译文
孔子说："有益的交友有三种，有害的交友有三种。同正直的人交友，同诚信的人交友，同见闻广博的人交友，这是有益的。同奸邪小人交朋友，同阿谀奉承的人交朋友，同花言巧语的人交朋友，这是有害的。"

评析

这一章讲的是交朋友应当注意的问题。交朋友要交益友，不交损友。

88. 孔子曰："益者三乐，损者三乐。乐节礼乐，乐道人之善，乐多贤友，益矣。乐骄乐，乐佚游，乐宴乐，损矣。"（16.5）

注释
本章有多个"乐"字，大都读作lè，只有"节礼乐"读作yuè。节礼乐：用礼乐来节制人。
骄：骄纵，不知节制。
佚游：闲游。佚，同"逸"。
宴：宴饮。

译文
孔子说："有益的喜好有三种，有害的喜好有三种。以礼乐调节自己为乐，以称道别人的好处为乐，以有许多贤德的朋友为乐，这是有益的。

喜好骄纵取乐，喜好闲游，喜好宴饮，这就是有害的。"

评析

这一章也是谈社会交往过程中应当注意的问题，但强调要用礼乐调节自己。

典故

孟子的"三乐"

孟子认为，君子有三乐："父母俱在，兄弟无故，一乐也；仰不愧于天，俯不怍于人，二乐也；得天下英才而教育之，三乐也。"（《孟子·尽心下》）

【译文】 父母都健在，兄弟没有病患、怨恨，这是第一乐；仰头对天不觉得内疚，低头对人不觉得惭愧，这是第二乐；得到天下优秀的人才并教育他们，这是第三乐。

89. 孔子曰："侍于君子有三愆：言未及之而言谓之躁，言及之而不言谓之隐，未见颜色而言谓之瞽。"（16.6）

【注释】 侍（shì）：侍奉，伺候。
愆（qiān）：过失。
瞽（gǔ）：盲人。

【译文】 孔子说："侍奉君子，有三种过失：还没有问到你就说话，这是急躁；已经问到你却不说，这叫隐瞒；不察言观色而贸然说话，那是瞎子。"

评析

这一章是指导我们说话：与君子交往要注意不急躁、不隐瞒，注意察言观色。

90．孔子曰："君子有三戒：少之时，血气未定，戒之在色；及其壮也，血气方刚，戒之在斗；及其老也，血气既衰，戒之在得。"（16.7）

注释 少：年轻时，古代指30岁以前，不仅是今天之少年时代。既：已经。

译文 孔子说："君子有三戒：年轻时，身体尚未成熟，要戒女色；中年时，身强力壮，精力旺盛，要戒争斗；老年时，体力精力已经衰弱了，要戒贪得无厌。"

实验研究

一个著名的心理学实验研究

美国斯坦福大学的心理学教授曾做过这样一个实验：让幼儿园老师给每个孩子一块糖，并告诉他们："现在吃，就只给这一块；如果能等待15分钟后再吃，就再奖励一块。"然后跟踪调查。结果显示，那些能忍耐的孩子成功率大大高于不能忍耐的孩子。

为什么？因为学习成绩优秀、人生事业成功，都需要相当的忍耐力和自制力。这些孩子的成功，就在于他们的忍耐力和自制力。

"三戒"其实也是让人有忍耐力和自制力。

91．孔子曰："生而知之者上也；学而知之者次也；困而学之，又其次也；困而不学，民斯为下矣。"（16.9）

注释 困：遇到困难，被难住。斯：于是，就。

译文 孔子说："生来就知道的人，是上等人；经过学习才知道的，是次一等的人；遇到问题再去学习的，是又次一等的人；遇到问题还不学习的，这就是下等人了。"

孔子把人的智力分成四等，最下等的是"困而不学"。

小知识

智商与情商

智商是智力商数的简称，智力，表现多个方面，如观察力、记忆力、想象力、创造力、分析判断力、思维力、应变能力、推理能力等。人的智力是有很大区别的，有白痴，也有天才。

大家都希望自己智商高一些，智商高，意味着聪明。但教育与心理学家研究证明，情商比智商更重要。情商，指的是理解别人感情的能力和调控自己感情的能力。在人成功的因素中，智商只占20％，而情商占80％。

孔子说的"生而知之者上也，学而知之者次也"是智商的区别；"困而学之""困而不学"是情商的区别。"三友""三乐""三愆""三戒"因为属于感情和对自己情感行为的控制，当然也属于情商问题。

92. 孔子曰："见善如不及，见不善如探汤。"（16.11）

注释

汤：开水，热水。

译文

孔子说："看到善行，就担心自己做不到，看到不善良的行为，就好像把手伸到开水中一样赶快避开。"

阳货第十七

本篇概述

篇名取自首句"阳货欲见孔子"。阳货又叫阳虎，是鲁国当权的季氏的家臣，孔子不太喜欢他，所以不见。

本篇共26章，主要内容为：

孔子的道德教育思想；孔子论仁；为父母守丧问题；君子与小人的区别。

《阳货》全文

1.阳货欲见孔子，孔子不见，归孔子豚。孔子时其亡也，而往拜之。遇诸涂。谓孔子曰："来！予与尔言。"曰："怀其宝而迷其邦，可谓仁乎？"曰："不可。""好从事而亟失时，可谓知乎？"曰："不可。""日月逝矣，岁不我与。"孔子曰："诺，吾将仕矣。"

2.子曰："性相近也，习相远也。"

3.子曰："唯上知与下愚不移。"

4.子之武城，闻弦歌之声。夫子莞尔而笑，曰："割鸡焉用牛刀？"子游对曰："昔者偃也闻诸夫子曰：'君子学道则爱人，小人学道则易使也。'"子曰："二三子！偃之言是也。前言戏之耳。"

5.公山弗扰以费畔，召，子欲往。子路不说，曰："末之也，已，何必公山氏之之也？"子曰："夫召我者，而岂徒哉？如有用我者，吾其为东周乎？"

6.子张问仁于孔子。孔子曰："能行五者于天下，为仁矣。""请问之。"

曰：“恭宽信敏惠。恭则不侮，宽则得众，信则人任焉，敏则有功，惠则足以使人。”

7. 佛肸召，子欲往。子路曰：“昔者由也闻诸夫子曰：‘亲于其身为不善者，君子不入也。’佛肸以中牟畔，子之往也，如之何？”子曰：“然。有是言也。不曰坚乎，磨而不磷；不曰白乎，涅而不缁。吾岂匏瓜也哉？焉能系而不食？”

8. 子曰：“由也！女闻六言六蔽矣乎？”对曰：“未也。”“居！吾语女。好仁不好学，其蔽也愚；好知不好学，其蔽也荡；好信不好学，其蔽也贼；好直不好学，其蔽也绞；好勇不好学，其蔽也乱；好刚不好学，其蔽也狂。”

9. 子曰：“小子何莫学夫诗？诗，可以兴，可以观，可以群，可以怨。迩之事父，远之事君；多识于鸟兽草木之名。”

10. 子谓伯鱼曰：“女为《周南》《召南》矣乎？人而不为《周南》《召南》，其犹正墙面而立也与？”

11. 子曰：“礼云礼云，玉帛云乎哉？乐云乐云，钟鼓云乎哉？”

12. 子曰：“色厉而内荏，譬诸小人，其犹穿窬之盗也与？”

13. 子曰：“乡愿，德之贼也。”

14. 子曰：“道听而途说，德之弃也。”

15. 子曰：“鄙夫可与事君也与哉？其未得之也，患得之。既得之，患失之。苟患失之，无所不至矣。”

16. 子曰：“古者民有三疾，今也或是之亡也。古之狂也肆，今之狂也荡；古之矜也廉，今之矜也忿戾；古之愚也直，今之愚也诈而已矣。”

17. 子曰：“巧言令色，鲜矣仁。”

18. 子曰：“恶紫之夺朱也，恶郑声之乱雅乐也，恶利口之覆邦家者。”

19. 子曰：“予欲无言。”子贡曰：“子如不言，则小子何述焉？”子曰：“天何言哉？四时行焉，百物生焉。天何言哉？”

20. 孺悲欲见孔子，孔子辞以疾。将命者出户，取瑟而歌，使之闻之。

21. 宰我问：“三年之丧，期已久矣。君子三年不为礼，礼必坏；三年不为乐，乐必崩。旧谷既没，新谷既升，钻燧改火，期可已矣。”子曰：“食夫稻，衣夫锦，于女安乎？”曰：“安。”“女安，则为之。夫君子之居丧，食旨不甘，闻乐不乐，居处不安，故不为也。今女安，则为之！”宰我出。子曰："予之不仁也！子生三年，然后免于父母之怀。夫三年之丧，天下之通丧也。予也有三年之爱于其父母乎？"

22．子曰："饱食终日，无所用心，难矣哉！不有博弈者乎？为之，犹贤乎已。"

23．子路曰："君子尚勇乎？"子曰："君子义以为上，君子有勇而无义为乱，小人有勇而无义为盗。"

24．子贡曰："君子亦有恶乎！"子曰："有恶：恶称人之恶者，恶居下流而上者，恶勇而不礼者，恶果敢而窒者。"曰："赐也亦有恶乎？""恶徼以为知者，恶不孙以为勇者，恶讦以为直者。"

25．子曰："唯女子与小人为难养也，近之则不孙，远之则怨。"

26．子曰："年四十而见恶焉，其终也已。"

93．子曰："性相近也，习相远也。"（17.2）

注释

习：习染，即教育与环境熏陶。

译文

孔子说："人的本性是相近的，所受教育和环境熏陶才使人相差很大。"

评析

《三字经》开头"人之初，性本善。性相近，习相远。苟不教，性乃迁"阐述的就是这种思想。下面方仲永的故事，更说明学习的重要。

典故

伤仲永

王安石讲过一个"方仲永的故事"。

江西金溪县有一个叫方仲永的人，世代都以种田为生。仲永长到五岁，还没见过笔墨纸砚,有一天忽然哭着要这些东西。父亲感到惊异,从邻近人家借来给他,仲永当即写了四句诗,并且题上自己的名字。这首诗主张赡养父母、团结宗族,传给全乡的秀才观赏。

从此,仲永指物作诗,立即就能写好,有文采又有道理。当地人都感到惊奇,渐渐地有人请他的父亲去做客,还花钱求仲永题诗。他的父亲认为这样有利可图,每天拉着仲永四处拜访,不让他学习。

王安石听到这件事很久了。明道年间随父亲回乡,在舅舅家里见到他,已经十二三岁了。让他作诗,不能与传说的名声相称。又过了七年,王安石从扬州回来,再次到舅舅家,问起仲永的情况,得到的回答是:才能完全消失,已成为普通人了。

94. 子路曰:"君子尚勇乎?"子曰:"君子义以为上,君子有勇而无义为乱,小人有勇而无义为盗。"(17.23)

注释 尚:崇尚。

译文 子路问:"君子崇尚勇敢吗?"孔子回答:"君子以义作为最高尚的品德,君子有勇无义就会作乱,小人有勇无义就会成为盗贼。"

小知识

德与才、勇与义的关系

德与才的关系像一个数轴,德是方向(正负),才是绝对值。如果德是负的,那么越有才,危害越大。

义与勇也是这样,如果有勇而无义,越勇,危害越大。所以孔子说:"君子义以为上,君子有勇而无义为乱,小人有勇而无义为盗。"

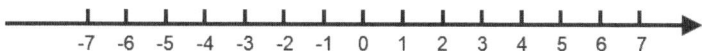

-7 -6 -5 -4 -3 -2 -1 0 1 2 3 4 5 6 7

微子第十八

篇名取自首句"微子去之"的前两个字。

本篇共计11章。主要内容为：

古代圣贤事迹；弟子与老农对孔子的评价；孔子塑造独立人格的思想。

《微子》全文

1. 微子去之，箕子为之奴，比干谏而死。孔子曰："殷有三仁焉。"

2. 柳下惠为士师，三黜。人曰："子未可以去乎？"曰："直道而事人，焉往而不三黜？枉道而事人，何必去父母之邦？"

3. 齐景公待孔子，曰："若季氏，则吾不能；以季、孟之间待之。"曰："吾老矣，不能用也。"孔子行。

4. 齐人归女乐，季桓子受之，三日不朝，孔子行。

5. 楚狂接舆歌而过孔子曰："凤兮凤兮！何德之衰？往者不可谏，来者犹可追。已而！已而！今之从政者殆而！"孔子下，欲与之言。趋而辟之，不得与之言。

6. 长沮、桀溺耦而耕，孔子过之，使子路问津焉。长沮曰："夫执舆者为谁？"子路曰："为孔丘。"曰："是鲁孔丘与？"曰："是也。"曰："是知津矣。"问于桀溺。桀溺曰："子为谁？"曰："为仲由。"曰："是鲁孔丘之徒与？"对曰："然。"曰："滔滔者天下皆是也，而谁以易之？且而与其从辟人之士也，岂若从辟世之士哉？"耰而不辍。子路行以告。夫子怃然曰："鸟兽不可与同群，吾非斯人之徒与而谁与？天下有道，丘不与易也。"

7. 子路从而后，遇丈人，以杖荷蓧。子路问曰："子见夫子乎？"丈人曰："四体不勤，五谷不分，孰为夫子？"植其杖而芸。子路拱而立。止子路宿，杀鸡为黍而食之，见其二子焉。明日，子路行以告。子曰："隐者也。"使子路反见之。至，则行矣。子路曰："不仕无义。长幼之节，不可废也；君臣之义，如之何其废之？欲洁其身，而乱大伦。君子之仕也，行其义也。道之不行，已知之矣。"

8. 逸民，伯夷、叔齐、虞仲、夷逸、朱张、柳下惠、少连。子曰："不降其志，不辱其身，伯夷、叔齐与！"谓："柳下惠、少连，降志辱身矣，言中伦，行中虑，其斯而已矣。"谓："虞仲、夷逸，隐居放言，身中清，废中权。我则异于是，无可无不可。"

9. 大师挚适齐，亚饭干适楚，三饭缭适蔡，四饭缺适秦，鼓方叔入于河，播鼗武入于汉，少师阳、击磬襄入于海。

10. 周公谓鲁公曰："君子不施其亲，不使大臣怨乎不以。故旧无大故，则不弃也。无求备于一人！"

11. 周有八士：伯达、伯适、仲突、仲忽、叔夜、叔夏、季随、季骐。

微子去之，箕子为之奴，比干谏而死。孔子曰："殷有三仁焉。"

【注释】

微子：殷纣王的庶兄，见纣王无道，劝他不听，遂离开纣王。去：离开。

箕（jī）子：殷纣王的伯父，劝谏纣王，纣王不听，便披发装疯，被贬为奴隶。

比干：殷纣王的叔叔，屡次强谏，激怒纣王而被杀。

【译文】

微子离开了纣王，箕子做了纣王的奴隶，比干被杀死了。孔子说："这是殷朝的三位仁人啊！"

【说明】

选此章是为了说明篇名来历，可不列入100句之内。

殷末三仁

殷末三仁，也称殷末三贤，指的是微子、箕子、比干，他们在殷商末年齐名。

微子

名启，世称微子、微子启，其中"微"是国号，"子"是尊称。微子是商王帝乙的长子，纣王帝辛的庶兄（《吕氏春秋》称微子、微仲与纣王三人同母，但其母在生微子和微仲时尚未封为妃，所以称庶子）。微子面对纣王恶政，选择出逃到微。"微"是微子的封国，原在今山西潞城东北，后来微子迁到山东梁山西北，所以那里也称为"微"。周武王灭商后，微子持祭器到武王军门，肉袒面缚（反捆双手），左牵羊，右把茅草（表示投降谢罪），膝行而前，向武王说明自己远离纣王的情况。周武王很受感动，乃释其缚，复其位仍为卿士。周公以成王之命封微子国于宋，即今河南商丘一带，微子成为周朝宋国的国君、始祖。

箕子

箕子，是商王帝乙的哥哥，纣王帝辛的伯父，官太师，封于箕（今山西太谷、榆社一带），名胥余。当时商纣王暴虐无道，整天酗酒淫乐而不理政，挥霍无度。箕子苦心谏阻，但纣王都不听。箕子见成汤所创六百年江山即将断送在纣王手中，心痛如割，索性披发佯狂为奴，每日里只管弹唱《箕子操》以发泄心中悲愤。纣见此，以为箕子真疯，遂将他囚禁起来，贬为奴隶。

比干

比干，是商王文丁之子，帝乙之弟，纣王帝辛的叔叔。先后辅佐商王帝乙和帝辛，从政40多年。《史记·殷本纪》记载，殷纣王的叔父比干，为人忠诚正直，他见纣王荒淫失政，暴虐无道，十分着急，常常直言劝谏。在一次劝谏时，纣王大怒道："我听说圣人的心有七窍，今天我倒要看看你的心是不是七窍！"遂杀比干，剖视其心。

子张第十九

本篇概述

篇名取自首章"子张曰：'士见危致命，见得思义'"。意思是士遇见危险能献出自己的生命，看见有利可得就考虑是否符合道义。

本篇共25章。主要内容为：

子张、子夏、子贡等弟子阐述孔子的思想，以及对老师的赞颂；涉及学习的内容与方法、学与仕的关系、君子与小人对待过失的不同等问题。

《子张》全文

1. 子张曰："士见危致命，见得思义，祭思敬，丧思哀，其可已矣。"

2. 子张曰："执德不弘，信道不笃，焉能为有？焉能为亡？"

3. 子夏之门人问交于子张。子张曰："子夏云何？"对曰："子夏曰：'可者与之，其不可者拒之。'"子张曰："异乎吾所闻：君子尊贤而容众，嘉善而矜不能。我之大贤与，于人何所不容？我之不贤与，人将拒我，如之何其拒人也？"

4. 子夏曰："虽小道，必有可观者焉；致远恐泥，是以君子不为也。"

5. 子夏曰："日知其所亡，月无忘其所能，可谓好学也已矣。"

6. 子夏曰："博学而笃志，切问而近思，仁在其中矣。"

7. 子夏曰："百工居肆以成其事，君子学以致其道。"

8. 子夏曰："小人之过也必文。"

9. 子夏曰："君子有三变：望之俨然，即之也温，听其言也厉。"

10. 子夏曰："君子信而后劳其民，未信则以为厉己也。信而后谏，未信，则以为谤己也。"

11. 子夏曰："大德不逾闲，小德出入可也。"

12. 子游曰："子夏之门人小子，当洒扫应对进退，则可矣，抑末也。本之则无，如之何？"子夏闻之，曰："噫！言游过矣！君子之道，孰先传焉，孰后倦焉？譬诸草木，区以别矣。君子之道，焉可诬也？有始有卒者，其惟圣人乎！"

13. 子夏曰："仕而优则学，学而优则仕。"

14. 子游曰："丧致乎哀而止。"

15. 子游曰："吾友张也为难能也，然而未仁。"

16. 曾子曰："堂堂乎张也，难与并为仁矣。"

17. 曾子曰："吾闻诸夫子：人未有自致者也，必也亲丧乎！"

18. 曾子曰："吾闻诸夫子：孟庄子之孝也，其他可能也；其不改父之臣与父之政，是难能也。"

19. 孟氏使阳肤为士师，问于曾子。曾子曰："上失其道，民散久矣。如得其情，则哀矜而勿喜！"

20. 子贡曰："纣之不善，不如是之甚也。是以君子恶居下流，天下之恶皆归焉。"

21. 子贡曰："君子之过也，如日月之食焉。过也，人皆见之；更也，人皆仰之。"

22. 卫公孙朝问于子贡曰："仲尼焉学？"子贡曰："文武之道，未坠于地，在人。贤者识其大者，不贤者识其小者，莫不有文武之道焉。夫子焉不学？而亦何常师之有？"

23. 叔孙武叔语大夫于朝，曰："子贡贤于仲尼。"子服景伯以告子贡。子贡曰："譬之宫墙，赐之墙也及肩，窥见室家之好。夫子之墙数仞，不得其门而入，不见宗庙之美，百官之富。得其门者或寡矣。夫子之云，不亦宜乎！"

24. 叔孙武叔毁仲尼。子贡曰："无以为也！仲尼不可毁也。他人之贤者，丘陵也，犹可逾也；仲尼，日月也，无得而逾焉。人虽欲自绝，其何伤于日月乎？多见其不知量也。"

25.陈子禽谓子贡曰："子为恭也，仲尼岂贤于子乎？"子贡曰："君子一言以为知，一言以为不知，言不可不慎也。夫子之不可及也，犹天之不可阶而升也。夫子之得邦家者，所谓立之斯立，道之斯行，绥之斯来，动之斯和。其生也荣，其死也哀。如之何其可及也？"

95. 子夏曰："日知其所亡，月无忘其所能，可谓好学也已矣。"（19.5）

注释 子夏：即卜商，孔子弟子，"孔门十哲"之一，以"文学"著称。详见"颜渊篇"12.5的介绍。日：每天。亡：同"无"。也已矣：三个语气词连用，加强语气，其意思在最后一个。

译文 子夏说："每天都学到一些不知道的东西，每月都不能忘记已经学会的东西，这就可以叫作好学了。"

|评析|

"日知其所亡"其实就是每天都知道自己的缺陷、盲点和错误；"月无忘其所能"其实是提倡复习、记忆、积累。

|学霸经验|
这个方法，可以提高成绩

常见这种情况：上课觉得听懂了，结果课后做错了，或者考试出错了。学霸告诉你：解决这个问题的简单办法就是整理一本"错题集"。

准备一个本子，随手记下做错的题，并对错误做简要分析，然后重做一遍。

经常翻阅，尤其在考试前翻阅一遍，随着对知识盲点的熟悉程度提高，错误肯定会越来越少。

如果再相互交流，取长补短，效果会更好。因为别人所整理的错误，可能恰好就是你平时遗漏的。

"错题集"保证你"日知其所亡，月无忘其所能"，每科提高成绩不成问题。

典故

警枕

司马光从小到老，一直坚持不懈地苦读。他的居室，多是书籍和笔墨纸砚，卧具也很简单：一架木板床，一套粗布被褥，一个圆木枕头。

为什么要用圆木枕头呢？说来有趣。每当夜间读书太困倦时，往往一睡就是一大觉，醒来时天已大亮。而圆木枕头放在硬邦邦的木板床上，只要他一动，木头就滚走了，"咚"的一声，头磕在床上，于是惊醒。这时他就会爬起来继续读书写字。司马光给这个圆木枕头起了个名字叫"警枕"。

96. 子夏曰："博学而笃志，切问而近思，仁在其中矣。"（19.6）

注释 笃（dǔ）：忠实，坚守。切：恳切。
近思：联系身边现实思考。

译文 子夏说："博览群书广泛学习，坚守志向，恳切地提问，联系当前社会现实思考，仁德就在其中了。"

评析

复旦大学校训就是"博学而笃志，切问而近思"。

名校

复旦大学

复旦大学于1905年始建，位于中国上海，由教育部直属，是一所国内顶尖、世界知名的重点大学。

学校创始人为教育家马相伯，首任校董为孙中山。校名"复旦"二字选自《尚书大传·卿云歌》的名句"日月光华，旦复旦兮"，意在自强不息，寄托当时中国知识分子教育强国的希望。

97．子夏曰："小人之过也必文。"（19.8）

注释

文：通"纹"，修饰，掩饰。

译文

子夏说："小人犯了过错一定会掩饰。"

|评析|

此句衍生出了一个成语"文过饰非"，即用漂亮的言辞掩饰自己的过失和错误。

关于改过，参见下条及第82条：子曰："过而不改，是谓过矣。"

|典故|

扁鹊见蔡桓公

扁鹊是古代名医，有一天他去见蔡桓公，仔细端详了蔡桓公的气色以后说："大王，您得病了，现在病只在皮肤表层，赶快治，很容易治好。"蔡桓公不以为然地说："我没有病，用不着你来治!"扁鹊走后，蔡桓公对左右说："这些当医生的，成天想给没病的人治病，好证明自己医术高明。"过了十天，扁鹊再去看望蔡桓公，他着急地说："大王的病已经发展到肌肉里去了，可得抓紧治疗啊!"蔡桓公理都不理。扁鹊走后，蔡桓公很不高兴。又过了十天，扁鹊再去看望蔡桓公，他看了看蔡桓公的气色，焦急地说："大王，您的病已经进入了肠胃，不能再耽误了!"蔡桓公又理都不理。扁鹊走后，蔡桓公更不高兴了。又过了十天，扁鹊再一次去看望蔡桓公，他只望了一眼，掉头就跑。蔡桓公心里好生纳闷，就派人去问扁鹊："您去看望大王，为什么掉头就跑呢？”扁鹊回答："病在皮肤，可以用热敷治疗；病在肌肉，可以用针灸治疗；病到肠胃，可以吃汤药治疗；但是现在大王的病已经深入骨髓，病到这种程度只能听天由命了，所以我也不敢再为大王治病。"

果然，五天以后，蔡桓公突然浑身疼痛，打发人赶快去找扁鹊，扁鹊已经逃到秦国去了。于是蔡桓公就病死了。

附原文：

扁鹊见蔡桓公，立有间，扁鹊曰："君有疾在腠理，不治将恐深。"桓侯曰："寡人无疾。"扁鹊出，桓侯曰："医之好治不病以为功。"

居十日，扁鹊复见曰："君之病在肌肤，不治将益深。"桓侯不应。扁鹊出，桓侯又不悦。

居十日，扁鹊复见曰："君之病在肠胃，不治将益深。"桓侯又不应。扁鹊出，桓侯又不悦。

居十日，扁鹊望桓侯而还走。桓侯故使人问之，扁鹊曰："疾在腠理，汤熨之所及也；在肌肤，针石之所及也；在肠胃，火齐之所及也；在骨髓，司命之所属，无奈何也。今在骨髓，臣是以无请也。"

居五日，桓侯体痛，使人索扁鹊，已逃秦矣。桓侯遂死。

——（《韩非子·喻老》）

98. 子贡曰："君子之过也，如日月之食焉。过也，人皆见之；更也，人皆仰之。"（19.21）

【注释】 食：日食、月食。更：更改。

【译文】 孔子说："君子的过错，就像日食、月食。犯错误的时候，人们都看得见；把错误改正了，人们又都仰视。"

人类的认识史仿佛是纠错的历史

北京师范大学教授、哲学博士严春友在《敬畏自然》一文中说："人类的认识史仿佛是纠错的历史，一代一代地纠正着前人的错误，于是当我们打开科学史的时候，就会发现科学史也是犯错误的历史。"

确实，古希腊的亚里士多德认为，物体下落的快慢是不一样的。物体的下落速度和它的重量成正比，物体越重，下落的速度越快。而伽利略用比萨斜塔"一大一小两个铁球同时落地"的实验推翻了这个"真理"。

麦哲伦环球航行成功以前，人们一直认为地球是平的，信奉"天圆地方"。是麦哲伦纠正了这一错误。

很长时间以来，人们都认为地球是宇宙的中心，哥白尼的"地动说"纠正了"地球中心说"的错误，但后来的研究证明，"地动说"认为太阳是宇宙的中心也不对。

牛顿的经典力学认为时间和空间都是绝对的。1905年爱因斯坦提出相对论，修正了牛顿的经典力学理论中的不足。1957年，李政道和杨振宁合作推翻了爱因斯坦的"宇称守恒定律"，提出"宇称不守恒理论"，并因此获得诺贝尔物理学奖。

99. 叔孙武叔毁仲尼。子贡曰："无以为也！仲尼不可毁也。他人之贤者，丘陵也，犹可逾也；仲尼，日月也，无得而逾焉。人虽欲自绝，其何伤于日月乎？多见其不知量也。"（19.24）

【注释】 叔孙武叔：鲁国大夫。毁：诋毁，诽谤。无以为：没有用。逾：超越。

【译文】 叔孙武叔诽谤仲尼。子贡说："这是没有用的！仲尼是毁谤不了的。别人的贤德好比丘陵，还可超越过去；仲尼的贤德好比日月，是无法超越的。虽然有人要自绝于日月，对日月又有什么损害呢？只是表明他不自量力而已。"

这句表达子贡对孔子的推崇和高度评价。巧妙地使用了比喻的方法，即把别人比喻为丘陵，可以攀登；把孔子比喻为日月，无法攀登，不可超越。

答疑

子贡为什么给孔子这么高的评价

子贡把孔子比喻为日月，无法攀登，不可超越。他为什么给孔子这么高的评价？因为孔子在中国思想史、文化史、教育史上有一系列别人无法超越的创举和贡献。

孔子是第一个为平民办学、让平民接受教育的人。春秋以前，我国的学校是"国办"的。因为当时实行的是分封制——"溥天之下，莫非王土；率土之滨，莫非王臣"——天子把土地分封给诸侯，诸侯又分封给卿大夫，卿大夫再分封给家臣。这种"土"与"臣"都归天子所有的体制，就决定学校只能以"国字号"出现，于是形成学在官府、官守学业、政教一体、官师合一的局面。当时，学校、文化知识都掌握在官府中，担任教师的是世代相传的"祝""宗""卜""史"等官吏，他们既是官，又是师。学生当然也只能是贵族子弟。

孔子是我国第一个为平民办学，让平民接受教育的人，这是一个伟大的创举。孔子办学，没有"国拨"的经费，他的经费来源是学费。"自行束脩以上，吾未尝无诲焉。"（《论语·述而》）"束脩"即十条干肉。这点学费是很可怜的。朱熹曾考证过："古者相见，必执贽以为礼。束脩，其至薄者。"

孔子的学校甚至没有专用的教室。他的居室、庭院、野外、大树下、小河边，甚至周游列国的路上，都可以是他的课堂。唯一可以称为固定教学场地的大概是"杏坛"，其实也只是一个茅草棚而已。

孔子也没有现成的教材可用。他供学生学习的《诗》《书》《礼》《乐》《易》《春秋》之类，大部分是他自己选编的。这些典籍后来都成了中国文化的瑰宝。

虽然办学条件如此简陋，孔子却创出了我国教育史乃至世界教育史上的奇迹。

一是学生数量之多，办学规模之大。"弟子三千，贤者七十"，这在当时应是世界之最。

二是教学内容之丰富。"礼、乐、射、御、书、数"这"六艺"中，有思想和政治教育课——礼；有文化知识课——书和数；有实用技术课——射和御；有艺术课——乐。

三是教育思想之先进。《论语》中的教育思想，有许多至今仍在指导着我们，像重视德育、重视情志因素、学以致用、身体力行、因材施教、启发诱导、多思善疑、温故知新、学而时习、注重环境影响等等。

孔子办学，凡是愿意来学的，不问家世身份，不分贵贱贤愚，也不分族类，不分老少，一律施教。孔子三十岁开始收徒讲学，一生教过三千多人，其中有"官二代"，如孟懿子、南宫敬叔等；也有"贫困生"，如子路、仲弓、原宪等。他秉持"有教无类"的原则，打破"学在官府"的垄断局面，把受教育的权利带给了普通百姓。可以说，孔子开了中国古代"平民教育"的先河，为中国教育开辟了一个新的纪元。

孔庙中孔子讲学的杏坛

联合国怎样纪念孔子?

2006年9月26日,在孔子诞辰2560周年之际,联合国教科文组织宣布设立"孔子奖",主要奖励世界上在教育、文化、哲学等方面有突出贡献的总统、部长和专家。

100. 夫子之不可及也,犹天之不可阶而升也。(19.25)

译文

孔夫子的高不可及,就像天不能够顺着梯子爬上去一样。

评析

这句是子贡回答陈子禽的话,和上句一样,表达子贡对孔子的推崇和高度评价。上句把孔子比喻为日月,"无得而逾焉";此句把孔子比喻为天,"不可阶而升也"。比喻,是一种十分奇妙的修辞方法和说理方法,它的作用,参见下面著名散文家秦牧的短文《譬喻之花》。

小资料

譬喻之花(节选)

文学是语言的艺术,文学作品里的譬喻是语言艺术中的艺术。精警的譬喻真是奇妙!它具有一种奇特的力量,可以使事物突然清晰起来,复杂的道理突然简洁明了起来,而且形象生动,耐人寻味。美妙的譬喻简直是一朵朵色彩艳丽的花,照耀着文学。它又像童话中的魔棒,碰到哪儿,哪儿就产生奇特的变化。它也像是一种什么化学试剂,把它投进浊水里面,顷刻之间,一切杂质都沉淀了,水也澄清了。

孔子善用比喻

孔子是一个非常有文采的人，他说话常常运用比喻。例如有一次谈论道义和富贵，他不是抽象说理，而是说：

"不义而富且贵，于我如浮云。"（《述而》）

还有一次，孔子和学生来到河边，看着河水奔腾不息，忽然感慨道：

"逝者如斯夫，不舍昼夜。"（《子罕》）

孔子有时还运用暗喻和借喻。有一次季康子问孔子如何治理政事："如果杀掉无道的人来成全有道的人，怎么样？"孔子说："您治理政事，哪里用得着杀戮的手段呢？您只要带头行善，老百姓也会跟着行善。"这时他用了两个比喻句：

"君子之德风，小人之德草，草上之风，必偃。"（《颜渊》）

意思是：在位者的品德是风，下人的品德是草，草遇到风，必定随风吹倒。

还有一次孔子说："岁寒，然后知松柏之后凋也。"（《子罕》）

显然，这是论述君子的品格气节的：君子要能够经受严峻考验，在严酷环境中坚强不屈。但是"君子"一词根本没有出现，也没有使用像、如之类的比喻词，这样的比喻是借喻。

甚至孔子骂人也用比喻。有一次，"宰予昼寝"，即一个叫宰予的学生大白天睡觉，孔子就骂他，而且骂得非常难听：

"朽木不可雕也，粪土之墙不可圬也；于予与何诛？"（《公冶长》）

由于孔子善用比喻，他说出来的话往往生动形象，富有哲理，而且深入浅出，富有感染力，闪烁着思想和智慧的光芒。也由于孔子经常运用比喻，孔子的学生们也学会了运用比喻。例如上文子贡评价孔子的这几句话。

尧曰第二十

本篇概述

本篇只有三章，第一章是尧禅位于舜时所说的话："尧曰：'咨！尔舜！天之历数在尔躬，允执其中……'"所以用"尧曰"做篇名。

本篇除了以上禅让嘱托，还涉及这三代君王的善政以及孔子论从政的基本要求。

《尧曰》全文

1. 尧曰："咨！尔舜！天之历数在尔躬，允执其中。四海困穷，天禄永终。"舜亦以命禹。曰："予小子履，敢用玄牡，敢昭告于皇皇后帝：有罪不敢赦。帝臣不蔽，简在帝心。朕躬有罪，无以万方；万方有罪，罪在朕躬。"周有大赉，善人是富。"虽有周亲，不如仁人。百姓有过，在予一人。"谨权量，审法度，修废官，四方之政行焉。兴灭国，继绝世，举逸民，天下之民归心焉。所重：民、食、丧、祭。宽则得众，信则民任焉，敏则有功，公则说。

2. 子张问于孔子曰："何如斯可以从政矣？"子曰："尊五美，屏四恶，斯可以从政矣。"子张曰："何谓五美？"子曰："君子惠而不费，劳而不怨，欲而不贪，泰而不骄，威而不猛。"子张曰："何谓惠而不费？"子曰："因民之所利而利之，斯不亦惠而不费乎？择可劳而劳之，又谁怨？欲仁而得仁，又焉贪？君子无众寡，无小大，无敢慢，斯不亦泰而不骄乎？君子正其衣冠，尊其瞻视，俨然人望而畏之，斯不亦威而不猛乎？”子张曰：“何谓四恶？”子曰：“不教而杀谓之虐；不戒视成谓之暴；慢令致期谓之贼；犹之与人也，出纳之吝谓之有司。”

3. 孔子曰：“不知命，无以为君子也；不知礼，无以立也；不知言，无以知人也。”

这三章都是讲从政治国之道，与同学们生活关系不大，下面只举首句以了解本篇得名原因。

尧曰：“咨！尔舜！天之历数在尔躬，允执其中。四海困穷，天禄永终。”舜亦以命禹。

注释 咨：即“啧”“嘿”，感叹词，表示赞誉。允：真诚，诚信。

译文 尧说：“啧啧！你这位舜！上天的大命已经落在你的身上了，忠实地保持那中正之道吧！假如天下百姓困苦和贫穷，上天赐给你的禄位就会永远终止。”舜也用这话告诫禹。

评析

这一章记述了尧帝的遗训。由此我们可以看出，孔子崇敬尧舜时代“选贤举能”的早期民主制度。正如《礼记·礼运》所说：“大道之行也，天下为公，选贤与能，讲信修睦。”

选这一句，只是为了解释篇名，不列入100句之内。

历史故事

尧舜禅让

尧渐渐老了，想把帝位传给一位德才兼备之人，许多人推荐舜，尧决定先考察一下。《史记·五帝本纪》记载：“尧乃以二女妻舜以观其内，使九男与处以观其外。尧乃赐舜绨衣（细葛布衣服），与琴，为筑仓廪，予牛羊。"

经过考察，尧认定了舜是合格接班人，于是舜"年三十尧举之，年五十摄行天子事，年五十八尧崩，年六十一代尧践帝位"。这叫"禅让"。在禅让大典上，尧曰："咨！尔舜！天之历数在尔躬，允执其中。四海困穷，天禄永终。"

但古史《竹书纪年》一书却说这是假的。

补充完善

实践活动

补充　完善

以上100句可能并没有把《论语》最重要的名句收录完全，尤其考虑到每个人爱好、见解不同，这100句更不是无懈可击。那么现在给你布置一项探究任务：读《论语》原著，或上网搜索《论语》名言，发现更重要的名句，补充在下面。若能加上注释、译文，那就更好。

下面给大家提供高山同学补充的名句。

1．子贡曰："贫而无谄，富而无骄，何如？"子曰："可也。未若贫而乐，富而好礼者也。"（《学而》）

注释　谄（chǎn）：巴结、奉承。

译文　子贡说："贫穷而不巴结，富有而不骄傲，（这样的人）怎么样？"孔子说："这也算可以了。但不如贫穷却乐于道，富有而又好礼之人。"

2．子夏问孝。子曰："色难。有事，弟子服其劳；有酒食，先生馔，曾是以为孝乎？"（《为政》）

注释　色：脸色，态度。曾：竟然。

171

子夏问什么是孝道。孔子说："在父母面前始终和颜悦色很难。有事情，年轻人去帮着做；有了酒饭，让长辈先吃，难道这样就是孝吗？"

评析

寓意：替长辈做了事，请长辈吃了好的，不一定就是孝。"色难"，说明态度很重要，在长辈面前更要注意和颜悦色。

3．子曰："君子周而不比，小人比而不周。"（《为政》）

注释
周：合群。
比：勾结，结党营私。

译文
孔子说："君子合群而不结党营私，小人结党营私而不合群。"

4．子曰："朝闻道，夕死可矣。"（《里仁》）

注释
道：规律，天地运行的法则、道理。

译文
孔子说："早上掌握（或明白）了世间的规律（或真理），晚上就算死也可以了。"

5．子曰："宁武子，邦有道，则知；邦无道，则愚。其知可及也，其愚不可及也。"（《公冶长》）

注释
宁武子：姓宁名俞，卫国大夫，"武"是他的谥号。
知：同"智"。
愚：这里是装傻的意思。

孔子说："宁武子这个人，当国家有道时，他就显得聪明；当国家无道时，他就装傻。他的聪明别人可以做到，他的装傻别人就做不到了。"

6．子曰："君子博学于文，约之以礼，亦可以弗畔矣夫。"（《雍也》）

注
释　畔：同"叛"。
　　矣夫：两个语气词连用，表示强烈感叹。

译
文　孔子说："君子广泛地学习古代文化典籍，又以礼来约束自己，就可以不离经叛道了。"

7．子曰："述而不作，信而好古，窃比于我老彭。"（《述而》）

注
释　述：转述。作：创造。窃：私下。
　　老彭：人名，是谁，学术界说法不一。有的说是殷商时代的一位"好述古事"的"贤大夫"；有的说是老子和彭祖两个人；有的说是殷商时代的彭祖。

译
文　孔子说："只转述而不创作，相信并且喜好古代文化，我私下把自己比作老彭。"

｜评析｜

　　孔子"述而不作"的原则，反映了他思想保守的一面。若完全遵从"述而不作"的原则，那么对古代的东西只能陈陈相因，不会有创新和发展。

8．子在齐闻《韶》，三月不知肉味。曰："不图为乐之至于斯也。"（《述而》）

注
释　韶：舜时古乐曲名。

孔子在齐国听到了《韶》乐，有很长时间尝不出肉的滋味。他说："想不到《韶》乐的美达到了这样迷人的地步。"

评析

《韶》乐是当时流行于贵族当中的古乐。孔子对音乐很有研究，音乐鉴赏能力也很强，欣赏古乐已经到了痴迷的程度，也说明他在音乐方面的高深造诣。

9．子曰："若圣与仁，则吾岂敢？抑为之不厌，诲人不倦，则可谓云尔已矣。"公西华曰："正唯弟子不能学也。"（《述而》）

注释 抑：只不过是。为之：指向圣与仁努力。云尔：这样说。

译文 孔子说："若说圣与仁，那我怎么敢当？不过向这个方向努力而不感到厌烦，教诲别人从不感觉疲倦，只可说是如此罢了。"公西华说："这正是我们学不到的。"

10．子曰："学如不及，犹恐失之。"（《泰伯》）

注释 如：如恐，恐怕。及：赶上。

译文 孔子说："学习知识恐怕赶不上，又担心会丢掉什么。"

评析

孔子对知识的追求欲望十分强烈，同时也这样要求学生。

11．子曰："苗而不秀者有矣夫，秀而不实者有矣夫。"（《子罕》）

苗：长苗。秀：吐穗。实：结果。

孔子说："庄稼出了苗而不吐穗的情况是有的，吐了穗而不结果实的情况也是有的。"

评析

这是以庄稼的长苗、吐穗、结果来比喻学习和运用、读书和从政的关系，主张学了就要用，就要积极从政，为社会服务。

12．席不正，不坐。（《乡党》）

席：座席。坐：跽坐，类似于现在的跪。那时没有椅子和凳子，在地面铺席子，人跽坐在席子上（如右图）。

席子放得不端正，就不坐。

13．食不语，寝不言。（《乡党》）

寝：睡。

吃饭的时候不说话，睡觉的时候也不说话。

14．乡人饮酒，杖者出，斯出矣。(《乡党》)

注释 杖者：拿拐杖的人，指老年人。

译文 乡人饮酒的礼仪结束后，孔子一定要等老年人先出去，然后自己才出去。

15．季氏富于周公，而求也为之聚敛而附益之。子曰："非吾徒也。小子鸣鼓而攻之，可也。"(《先进》)

注释 季氏：鲁国正卿季孙氏，即季康子。
求：即冉求，字子有，通称冉有。
聚敛：积聚和收集钱财。益：增加。

译文 季氏比周朝的公侯还要富有，而冉求还帮他搜刮来增加他的财富。孔子说："他不是我的学生，同学们可以大张旗鼓地去攻击他！"

评析

　　冉求生性谦退，是孔门弟子中多才多艺的人，深受孔子称赞，被列为孔门十哲之一。冉求长于政事，尤其善于理财，曾任季氏宰。他很能带兵打仗，鲁哀公十一年（前484）任左师统帅，以步兵执长矛的战术打败了齐国。趁这次得胜的机会，他说服季康子迎回了在外流亡14年的孔子。后来由于冉求帮季康子聚敛民财，受到孔子严厉批评，但这并未影响他们师生的关系，足见其师生相知深厚。

16．齐景公问政于孔子。孔子对曰："君君，臣臣，父父，子子。"公曰："善哉！信如君不君，臣不臣，父不父，子不子，虽有粟，吾得而食诸?"（《颜渊》）

译文 齐景公问孔子怎样治理国家。孔子说："君主要像君主的样子，臣子要像臣子的样子，父亲要像父亲的样子，儿子要像儿子的样子。"齐景公说："讲得好呀！如果君不像君，臣不像臣，父不像父，子不像子，虽然有粮食，我能吃得上吗?"

17．季康子患盗，问于孔子。孔子对曰："苟子之不欲，虽赏之不窃。"（《颜渊》）

注释 季康子：即季孙肥，康是他的谥号，鲁哀公时任正卿，是当时鲁国最有权势的人。

译文 季康子为盗窃发愁，问孔子怎么办。孔子回答说："假如你自己不贪图财利，即使奖励偷盗，也没有人偷盗。"

18．子曰："诵诗三百，授之以政，不达；使于四方，不能专对。虽多，亦奚以为?"（《子路》）

注释 达：通达，会运用。专对：独立对答。奚：何，什么。以：用。为：语气词，表示反问。

译文 孔子说："把《诗经》三百篇背得很熟，让他处理政务，却不会运用；让他当外交使节，不能独立交涉。即使背得很多，又有什么用呢?"

▌评析

孔子教学生诵诗，是为了学以致用，应用于社会实践。

19.子曰："贫而无怨难，富而无骄易。"（《宪问》）

｜译文｜ 孔子说："贫穷而能够没有怨恨是很难做到的，富裕而不骄傲是容易做到的。"

20.子曰："道不同，不相为谋。"（《卫灵公》）

｜译文｜ 孔子说："走不同道路的人，不能在一起谋划。"

论语问答

一、关于《论语》

"论语"是什么意思？

"论语"有多个意思，这里择要列出三种：

（1）《汉书·艺文志》："《论语》者，孔子应答弟子、时人及弟子相与言而接闻于夫子之语也。当时弟子各有所记，夫子既卒，门人相与辑而论纂，故谓之《论语》。"

《文选·辨命论注》引《傅子》说："昔仲尼既没，仲尼之徒追论夫子之言，谓之《论语》。"由此可知，"论语"就是"闻于夫子之语"或"追论夫子之言"。

（2）清朝赵翼解释说："语者，圣人之语言；论者，诸儒之讨论也。"因此，"论语"的意思是讨论孔子的言论。

（3）"论"，早期曾写作"侖"，下面是"册"，即竹简、书册。"侖"的意思是按顺序编排竹简，因此又有"编纂"的意思。《论语》，是指将孔子及其弟子的言行记载下来，编纂成书。

普遍为学界接受的是：弟子记载并编纂孔子的话。

《论语》是集体编纂，还是出于个人之手？

显然是孔门弟子集体编纂。《论语》的成书经历了一个复杂的过程，最初只是弟子对孔子言行的各种记录，这些记录往往出自不同弟子之手，分散在个人手中。孔子去世后，孔门弟子广泛收集了这些记录，在此基础上编成《论语》一书。所以就《论语》的内容来说，它是孔门弟子共同记录、编纂的结果，而不可能是出于一两个人之手。

《论语》中除了以"子曰"形式出现的内容外，还常有与弟子的问答，共涉及弟子有名姓者三十人，这些内容一般是由这些弟子记录而成的。例如：

子适卫，冉有仆。子曰："庶矣哉！"冉有曰："既庶矣，又何加焉？"曰："富之。"曰："既富矣，又何加焉？"曰："教之。"（《子路》）

孔子适卫，冉有驾车陪伴，这里的"子曰"显然最初是由冉有所传，后来被写成文字。《论语》还有一些"子曰"，往往形成于特殊的背景之下。如：

在陈绝粮，从者病，莫能兴。子路愠见曰："君子亦有穷乎？"子曰："君子固穷，小人穷斯滥矣。"（《卫灵公》）

据《史记·孔子世家》，当时的"从者"有子贡、子路、颜回等人，故本章内容最早当由他们所记。从《论语》涉及众多弟子的内容来看，它显然是集体的编纂成果。

当然，说《论语》是集体编纂的，并不否认个别弟子所起的重要作用。《论语》的编纂是一个浩大的工程，涉及对孔子言行的收集整理、回忆记录，以及对众多材料的辨别、选择等一系列工作，进行这样一项活动自然要有统一的组织领导者，要设立几位"总编"，他们的地位和作用显然要比其他弟子重要。而能成为组织领导者的，自然是孔门弟子中影响较大的人物。自宋代以来已有学者提出，《论语》一书实成于有子、曾子门人之手，故《论语》中此二子以"子"称。

《论语》开篇第一章载孔子言："子曰：'学而时习之，不亦说乎……'"第二章就载有子的话："有子曰：'其为人也孝弟，而好犯上者，鲜矣……'"第四章则载曾子之言："曾子曰：'吾日三省吾身……'"。由此看，二人的地位可见一斑。

《论语》为什么那么多"子曰"？

《论语》是孔子及其弟子的言行录，以记录孔子的言论为主，书中随处可见"子曰"字样，唯有《乡党》篇例外。《乡党》记载的是孔子的日常生活、饮食起居、容貌举止之类，是"行"，通篇一个"子曰"也找不到。

《论语》记录孔子言论有多少章？

现存《论语》共20篇，492章。其中：

记录孔子与弟子及其他人谈论之语，约444章；

记录孔门弟子相互谈论之语，48章。

称"子"含有什么意思？
《论语》中除了孔子，还有谁称"子"？

"子"是先生、老师的意思。称"子"含有尊重、敬仰之意。

称"子"的除了孔子以外，还有曾子（17次）、有子（3次）和闵子（1次），即曾参、有若和闵损。

《论语》是孔子的弟子及再传弟子编辑的，再传弟子中可能大部分是曾参和有若的弟子，也有闵损的弟子，所以这三位也被称为"子"。

《论语》在何时成书？

《论语》的成书，是在孔子去世之后。成书和定稿有一个较长的过程，不是短时期完成的。最早可能是孔子刚去世不久，弟子们为了纪念孔子而集体编写了《论语》，但后来不断修改、补充，定稿则到汉代初年。编纂者也可能不止一两个人，而是有许多弟子参与。

典籍中最早明确提到《论语》的是《礼记·坊记》："《论语》曰：三年无改于父之道，可谓孝矣。"而《坊记》作者是孔子的嫡孙子思（名孔伋）。既然子思在其作品中已提到《论语》，那么至少在子思生活的时代，《论语》已经成书。据学者考证，子思的生卒年代约为公元前483年至公元前402年，那么《论语》的成书最晚在公元前402年以前。

汉代初年，《论语》有三种不同的本子，《鲁论语》《齐论语》和《古文论语》。东汉末年，郑玄以《鲁论语》为底本，参考《齐论语》和《古文论语》编校成一个新的本子，并加以注释。郑玄的注本流传后，《齐论语》和《古文论语》便逐渐亡佚了。

《论语》记事较晚到什么时候?

《论语》记载的较晚的事,是曾子临死前与弟子的对话。文见《论语·泰伯》篇:

> 曾子有疾,召门弟子曰:"启予足!启予手!《诗》云:'战战兢兢,如临深渊,如履薄冰。'而今而后,吾知免夫!小子!"

意思是:曾子病危,召集他的弟子们来,说:"看看我的脚,看看我的手!《诗经》上说:'战战兢兢,好像站在深渊旁边,好像踩在薄冰上面。'从今以后,我知道我的身体是可以免于伤害了,弟子们!"

曾子临死前要弟子们看自己的手脚,这是表白自己的身体完整无损,是一生遵守孝道的。他借用《诗经》里的三句,来说明自己一生谨慎小心,未曾伤害身体,能够对父母尽孝。孔子曾对曾参说过:"身体发肤,受之父母,不敢毁伤,孝之始也。"

曾子比孔子小46岁,去世于公元前435年,离孔子已去世有44年之久,孔子的弟子几乎没有在世者了。据此推断,《论语》可能是曾子的弟子整理编纂的,或者说,曾子的弟子参与了修改和定稿。

《论语》中哪几个关键字出现最多?

最多的是"子""曰"二字。除了这两个字和"之、乎、者、也"等常用虚词,《论语》中能表现孔子思想观念的字中,出现最多的是"仁"字,共109次,例如:

> 樊迟问仁。子曰:爱人。

> 颜渊问仁。子曰:克己复礼为仁。

> 子曰:"巧言令色,鲜矣仁!"

> 子曰:"弟子入则孝,出则弟,谨而信,泛爱众,而亲仁。行有余力,则以学文。"

其次最多的是"礼"字,出现75次。

由此可见"仁"和"礼"在孔子学说中的重要。

二、关于孔子

孔子的父母是什么人物？

孔子的父亲叫叔梁纥（hé），春秋时期鲁国大夫。名纥，字叔梁。宋国君主的后代，后来为避战乱迁到鲁国。

叔梁纥人品出众，博学多才，能文善武，担任鲁国大夫，与鲁国名将狄虒（sī）弥、秦堇父合称"鲁国三虎将"。

历史记载，叔梁纥曾经"力举城门"。公元前563年，晋国带领诸侯联军进攻小国偪阳，包围偪阳之后，不能攻克。鲁国拉来辎重车，偪阳人打开城门，企图夺取辎重。联军乘机冲入城门，叔梁纥也在其中。鲁军刚刚进去一半，忽见偪阳守军将悬着的城闸门放下来，企图"瓮中捉鳖"。这时叔梁纥连忙举起双手，将正在下落的千斤闸门奋力托起，并大喝："赶快退兵！"待到鲁军全部退尽，叔梁纥双手放开，那悬着的闸门才掉了下来。《左传·襄公十年》赞扬叔梁纥是《诗经》上所说的"有力如虎者也！"

叔梁纥与正妻施氏生了九个女儿，没有儿子。他的妾生了个儿子叫孟皮，却因为有足疾，不能做继承人。于是叔梁纥70岁时又娶了颜氏的小女儿颜徵在。

鲁襄公二十四年（前549）叔梁纥去世，时年74岁。那时孔子才3岁，由母亲颜徵在抚养长大。

孔子长什么样？

孔子时代没有照相机，不可能留下自己的照片，了解孔子相貌，只能查阅历史资料。司马迁的《史记·孔子世家》记载："孔子长九尺有六寸，人皆谓之'长人'而异之。"按照司马迁所处时代西汉每尺23.1厘米计算，九尺六寸是2.21米，跟姚明差不多，但估计这是夸张，史学家顾颉刚先生就说，这大概是汉初儒生们臆想的杰作。

《孔子世家》还记载，有一次，孔子带弟子去郑国，和弟子走散了。孔子一个人呆呆地站在城东门口，一副失魂落魄的样子。郑国人看见了，就对寻找老师的子贡说："东门那里站着一个人，额头像唐尧，后颈像皋陶（gāo yáo）……落魄得像个丧家之犬。"当子贡把这话转告孔子时，他对像唐尧的说法表示谦虚不受，但对"丧家之犬"的说法却欣然受之，并连声称赞："说得真像啊，真像啊。"

历史上谁给孔子画过像或塑过像？

孔子的形象最早在汉代画像石中出现，后来不同历史时期、不同艺术家出于对孔子的不同理解，塑造了各式各样的孔子形象。

上图是唐代大画家吴道子笔下的孔子像，为大家普遍接受。

上图相传是东晋画家顾恺之所画的《孔子为鲁司寇像》，孔子着官服、戴官帽，一副官员气派，但面容和蔼，估计也是出于想象。

上图是明清时代的彩绘孔子像，不知何人所画，似是模仿顾恺之《孔子为鲁司寇像》。

楷木孔子夫妇像

比较可信的是孔府珍藏的"楷木孔子夫妇像"，孔子长袍大袖，手捧朝笏，形象生动。相传是子贡雕刻，也有说是孔子之孙"述圣"子思雕刻。

孔子身高多少?

《史记·孔子世家》记载："孔子长九尺有六寸，人皆谓之长人而异之。""长人"就是高个子。那么，九尺六寸到底相当于今天多高呢?

河南安阳殷墟出土的周朝骨尺合今天21.92厘米，按照这个尺寸，孔子的身高约2.1米。

河南洛阳金村古墓出土的战国铜尺合现在23.1厘米，按照这个尺寸，孔子的身高接近2.2米。

安徽寿县楚墓出土的战国铜尺合现在22.5厘米，按照这个尺寸，孔子的身高是2.16米。

历年出土的西汉铁尺、铜尺、竹尺和骨尺，最短23厘米，最长23.6厘米，据此孔子身高在2.2米至2.26米之间。

不论根据哪一种古尺，孔子的身高都在两米以上。

这是否可信，是个疑问。但孔子个子很高，应该是确定无疑的。

孔子是武林高手吗?

我们先从遗传学的角度回答这个问题。孔子父亲叔梁纥是当时鲁国数一数二的武林高手，还是个大力士，力能托举千斤的城闸门。有其父必有其子，叔梁纥这种体能，一般会遗传给孔子。

孔子教授的"六艺"中，除了诗书礼乐之外，还有射和御，这在当时是不折不扣的武术。射就是射箭，御是驾驭战车，相当于现在的射击技术和赛车技术。如果不是武林高手，孔子凭什么教授这些?

《礼记·射义》的记载证明孔子确实是武林高手："孔子射于矍相之圃，盖观者如堵墙焉。"（孔子有一次射箭，观看者里三层外三层，跟围墙似的水泄不通。）可见其射术之高明。

《论语·公冶长》记载，孔子曾批评子路"好勇"超过了自己。这可以理解为，他自己也是"好勇"之人。

还有一些旁证材料能证明孔子是武林高手。《吕氏春秋·慎大》记载，"孔子之劲，举国门之关，而不肯以力闻。""关"是古代的城门门闩，重达百斤。《淮南子·主术训》记载：孔子"智过于苌弘，勇过于孟贲（古代勇士），足蹑与郊菟（兔）"。孔子不但力大无比，还能飞跑，追上野兔。

种种资料表明，孔子不但会武功，而且是武林高手，功夫相当了得。

孔子骂学生吗?

不但骂,而且是痛骂,骂得很有艺术,堪称经典。这里的"骂",指的是训斥。《论语》记载,孔子两次骂他的学生:

宰予昼寝。子曰:"朽木不可雕也,粪土之墙不可圬也!"(《公冶长》)

季氏富于周公,而求也为之聚敛而附益之。子曰:"非吾徒也。小子鸣鼓而攻之,可也。"(《先进》)

他骂的这两个学生都是优秀生,同被列为"孔门十哲"。

宰予,字子我,也称宰我。他口齿伶俐,能说善辩,孔子常派遣他出使各国,如"使于齐""使于楚"等。宰予遇事有自己的主见,常与孔子讨论问题。他提出改"三年之丧"为"一年之丧",缩短丧期,遭到孔子的指责。宰予曾任齐国临淄大夫。有一回他白天睡觉,被孔子骂为"朽木不可雕也,粪土之墙不可圬也"。孔子之骂已经成为经典,现在说谁不堪造就,往往说他"朽木不可雕也"。

冉求,字子有,通称冉有,亦称有子,比孔子小二十九岁。冉求生性谦退,是孔门弟子中多才多艺的人,深受孔子称赞。他长于政事,尤其善于理财,曾任季氏宰。他很能带兵打仗,鲁哀公十一年(前484)任左师统帅,以步兵执长矛的战术打败了齐国。后来冉求帮季康子聚敛财富,受到孔子痛骂:"非吾徒也。小子鸣鼓而攻之,可也。"但骂归骂,这顿骂并未影响他们师生间的关系,后来冉有还随孔子周游列国,足见师生相知深厚。

由此感悟,大概天下的老师都骂学生,只是有的骂的巧,有的骂的笨,有的骂还成为经典,可谓"千古名骂"。

孔子打学生吗?

在古代,老师是可以打学生的,不但可以拿手打,而且还有专门打学生的工具——戒尺。戒者,警戒,惩戒;尺,则是尺度、标准。那时老师的讲桌上都放着一把戒尺,多是竹板制成,一尺多长,两寸来宽。背书时一想不起来往往就要挨上一下。戒尺专打左手,因为右手还要写字,打肿了就不能写了,得不偿失。学生被打了,还不敢对家长说,若说了,家长一定会说"打得好!谁让你……来着?"

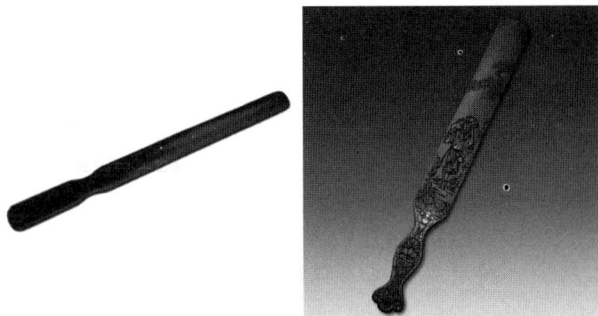

戒尺

不但调皮捣蛋的学生挨打，不少名人也都尝到过戒尺的滋味。邹韬奋（卓越的新闻记者、政论家、出版家）回忆，少年时在父亲面前背《孟子见梁惠王》，桌上就放着一把戒尺，一想不起来就要挨一下，半本书背下来，"手掌被打得发肿，有半寸高，偷向灯光中一照，通亮，好像满肚子装着已成熟的丝的蚕身一样"，陪在一旁的母亲还要哭着说"打得好！"鲁迅《从百草园到三味书屋》写他的启蒙老师寿镜吾老先生也有戒尺，还有罚跪的规则，但是不常用。

然而翻遍《论语》，没有发现孔子有打学生的记载，也没有提到过戒尺。相反，子贡说孔子是"温、良、恭、俭、让"（《学而》）的。《述而》篇还记载，"子温而厉，威而不猛，恭而安"。

孔子搞恶作剧吗？

孔子可不是整天正襟危坐、满口仁义道德的腐儒，而是和大家一样的性情中人，甚至偶尔也搞点"恶作剧"。《论语·阳货》记载了这样两件事。

一个叫阳货的人想见孔子，但孔子不想见他。因为他是季氏的家臣，而季氏是鲁国权臣，是当时炙手可热的人物；况且孔子年轻时，阳货曾羞辱过他。阳货也很聪明，送给孔子一只烤乳猪，想要孔子去回访他。孔子还是不想去，但又不能不去，因为"来而不往非礼也"，而孔子是最讲究"礼"的。于是孔子想出一个妙招：打听到阳货不在家时，去他家拜谢，当然就见不着。孔子依计而行，果然没见着，心中颇为得意。可是事有不巧，在回来的路上遇见阳货了。阳货问孔子："把自己的本领藏起来而放任国家迷乱，这可以叫作仁吗？"孔子回答："不可以。"阳货又问："喜欢参与政事而又屡次错过机会，这可以说是智吗?"孔子回答:"不可以。"阳货接着说:"时间一天天过去了，年岁是不等人的。"孔子说:"好吧，我将要去做官了。"

有个叫孺悲的人想见孔子，大概是孔子太讨厌这个人，不想见。不但不见，还想给他弄点难看，于是就对来通报的门房说:"就说我病了，不能见客。"而门房刚出门，孔子便取来瑟边弹边唱，有意让孺悲听到。至于为什么这样，《论语》没有记载。

孔子的教育生涯，分为哪几个时期?

孔子授徒的教育生涯，分为三个时期。

第一个时期是孔子30岁到45岁之间。这时孔子的弟子大概比他年轻6到15岁，大都是在鲁国出生的青年。其著名者有:子路（少孔子9岁）、颜路（颜回之父）、曾点（曾参之父）、公冶长、冉伯牛、闵子骞等。

第二个时期是45岁至60岁，由出仕鲁国到周游列国期间。这时的弟子年龄大多少孔子30岁左右，以鲁国和卫国的年轻人为主。孔子周游列国，停留最长的是卫国。孔子说:"鲁卫之政，兄弟也。"此期间，孔子在政治和学术上都有成就、声望（51岁为鲁中都宰，54岁为鲁国大司寇，摄行相事），因此得以举荐不少弟子出仕多国，例如荐冉求、冉雍为季氏宰，荐子路为季氏宰及卫国大夫，子贡代表鲁国出使齐、吴、越、晋等国。这批弟子著名者有:子贡、冉有、冉雍、颜渊、宰我等。

第三个时期是孔子晚年，约60至70岁之间。孔子周游列国，68岁返鲁定居，专心整理六经。此时所收弟子来自多国，且以文学、言语见长，大多是学问型，他们得孔子诗书六艺之真传。这批学生著名者有:子夏、子张、曾参、有若、言偃、樊迟、原宪等。

孔子穷困潦倒吗?

孔子在人们的印象中，总是带着弟子，驾车周游列国，游说君王，想用"仁"的思想打动他们推行"仁政"。但在群雄逐鹿的春秋时代，君王们需要的是像孙子、吴起那样的"运筹帷幄、决胜千里"的军事人才，而孔子固执地建构自己的道德王国，与当时凭硬实力称雄的时代潮流格格不入，只能潦倒落魄，惶惶如丧家之犬。还有，他致力于"仁义道德"，疏于赚钱或不屑赚钱，一生没什么积蓄，儿子又不幸早死，因此可能一生孤苦无依。

其实不全是这样。"穷困潦倒"是相对而言。对有些人而言，吃不饱、穿不暖是穷困潦倒；而对另外一些人来说，没有高官厚禄就是穷困潦倒。

关于前者，翻遍《论语》，却找不到多少能证明孔子穷困乃至潦倒的记载。能证明贫困的只有一句："吾少也贱，故多能鄙事"（《子罕》篇，我年轻时贫贱，所以能做许多卑贱的事）。但是考证其一生，其所谓"贱"，也是当管仓库、管牛羊的小官，不至于不得温饱。

我们再来看孔子的家世。

孔子的祖上是宋国的贵族，六世祖孔父嘉是宋国大夫，曾为大司马，在宫廷内乱中被杀，其子避灾逃到鲁国的陬邑（今山东曲阜）定居。孔子的父亲叫叔梁纥，为陬邑大夫。母亲叫颜徵在，18岁时嫁给已经66岁的叔梁纥，年龄相差悬殊。孔子生于鲁襄公二十二年八月二十七日（前551年9月28日）。孔子三岁的时候，叔梁纥病逝，颜徵在失去庇佑，被叔梁纥正妻所逐，这时的颜徵在带着孔子过着清贫的生活。

但孔子说自己"十有五而志于学，三十而立"。由此推断，生活应当不至于太贫困，起码温饱是没有问题的。孔子17岁时，母亲去世。19岁时，孔子娶了妻子宋人亓（qí）官氏，一年之后有了自己的儿子。当时鲁昭公特意派人送来一条鲤鱼表示祝贺，于是孔子给儿子取名孔鲤。为什么国君会送礼？因为孔子是大夫，属于贵族，生活更不可能是贫困的。

21岁这年，孔子开始当"委吏"，即管理仓库的小官。次年改作"乘田"，管理畜牧。孔子说："吾少也贱，故多能鄙事"，此"鄙事"当指"委吏"和"乘田"。这时的孔子，生活虽说不上富裕，但绝不至于贫困。

"三十而立"说明孔子在社会上立住了脚，有了一片属于自己的天空——开办私立学校，并且属于"名校"，亲任校长和教师。这一年，齐景公与相国晏婴来鲁国访问，还会见了孔子，与他讨论秦穆公何以称霸的问题。由此推断，孔子当时在研究古代文化方面已经有"国际影响"了。

孔子二十几岁时就想从政，于是带领弟子周游列国，向各国国君推销他"仁义道德"之类的治国思想，所处境遇有好有坏，还曾几次遇险，但都时间很短危难就过去。孔子去过多国，但没有哪个国君愿意接受他的治国理念，委任他官职。但有些国君（例如卫国）却愿意以很高的俸禄养着他，这当然不是孔子追求的目的。孔子周游列国的十几年，可以用"不得志"三字概括，但绝不至于生活贫困。否则他也没有周游列国的经济实力，何况还带着一大帮弟子。

孔子51岁时当了鲁国的中都宰（一个地方的长官），很有政绩，很快升为"司空"（掌管水利、道路工程，王室宫殿修建），54 岁又升为大司寇，还代行国相。这时的孔子官做得相当大，不但不穷困，相反应当说是相当富贵了。

而《乡党篇》的记载，说明孔子吃穿用度甚至堪称豪华和讲究。

《论语·乡党》记载了孔子怎样的生活？

《论语》中有许多记载，能证明孔子生活很讲究。下面几条是《乡党》篇的记载：

君子不用深青透红或黑中透红的布镶边，不用红色或紫色的布做平常在家穿的衣服。夏天穿粗的或细的葛布单衣，但一定要套在内衣外面。黑色的羔羊皮袍，配黑色的罩衣。白色的鹿皮袍，配白色的罩衣。黄色的狐皮袍，配黄色的罩衣。平常在家穿的皮袍做得长一些，右边的袖子短一些。睡觉一定要有睡衣，要有一身半长。用狐貉的厚毛皮做坐垫。丧服期满，脱下丧服后，便佩戴上各种各样的装饰品。如果不是礼服，一定要加以剪裁。不穿着黑色的羔羊皮袍和戴着黑色的帽子去吊丧。每月初一，一定要穿着礼服去朝拜君主。

|原文|

君子不以绀緅饰。红紫不以为亵服。当暑，袗絺绤，必表而出之。缁衣，羔裘；素衣，麑裘；黄衣，狐裘。亵裘长，短右袂。必有寝衣，长一身有半。狐貉之厚以居。去丧，无所不佩。非帷裳，必杀之。羔裘玄冠不以吊。吉月，必朝服而朝。

斋戒沐浴的时候，一定要有浴衣，用布做的。斋戒的时候，一定要改变平常的饮食，居住也一定搬移地方。

齐，必有明衣，布。齐必变食，居必迁坐。

粮食不嫌舂得精，鱼和肉不嫌切得细。粮食陈旧和变味了，鱼和肉腐烂了，都不吃。食物的颜色变了，不吃。气味变了，不吃。烹调不当，不吃。不时新的东西，不吃。肉切得不方正，不吃。佐料放得不适当，不吃。席上的肉虽多，但吃的量不超过米面的量。只有酒没有限制，但不喝醉。从市上买来的肉干和酒，不吃。每餐必须有姜，但也不多吃。

食不厌精，脍不厌细。食饐而餲，鱼馁而肉败，不食。色恶，不食。臭恶，不食。失饪，不食。不时，不食。割不正，不食。不得其酱，不食。肉虽多，不使胜食气。惟酒无量，不及乱。沽酒市脯，不食。不撤姜食，不多食。

从这些记载看，孔子哪里有一点穷困潦倒的迹象呢？所谓穷困潦倒，充其量是周游列国时，各国国君没有接受他的施政方针，有些不得志而已。

孔子爱读什么书？

孔子最爱读的，是《易经》。《史记·孔子世家》载："孔子晚而喜《易》……读《易》，韦编三绝。"（译文：孔子晚年喜欢读《易经》……孔子为读《易经》，多次翻断了简册上的牛皮带子。）

孔子时代的书，不是现在的纸质书，那时候造纸术和印刷术都还没有发明，当时的书，是写在竹简上面，然后用"韦"，即熟牛皮把竹简编连起来，称作"韦编"。三，不是确数三次，而是表示多次；绝，断。后来"韦编三绝"成为成语，表示读书勤奋。

《史记》还记载，孔子不但喜欢读《易经》，他还为《易经》作注。他撰写了《彖》（tuàn，《易经》中论卦义的文字）上下、《象》上下、《系辞》上下、《文言》、《序卦》、《说卦》、《杂卦》等，合称"十翼"，又称《易大传》。他还说："如果多给我几年工夫，那么，我对《易》的知识会更加丰富。"

原文

孔子晚而喜《易》，序《彖》、《系》、《象》、《说卦》、《文言》。曰："假我数年，若是，我于《易》则彬彬矣。"

《论语·述而》也记载：子曰："加我数年，五十以学《易》，可以无大过矣。"意思是，老天借给我数年，如果五十岁就开始学习《周易》，那么就可以不犯大错误了。

孔子最闪光的思想是什么？

是"仁"的思想。"仁"也是孔子思想的核心。什么是"仁"？是指同情、关心和爱护，即"仁爱之心"。孔子认为"仁"就是"爱人"，还提出"己欲立而立人，己欲达而达人"、"己所不欲，勿施于人"。孔子还提倡："志士仁人，无求生以害仁，有杀身以成仁。"在他眼里，"仁"是人生道德的最高境界，为了实现"仁"的理想，可以"杀身"，可以牺牲自己的生命。在他的提倡下，中华民族出现了无数"杀身成仁"的志士仁人，"仁"成了中华民族传统美德的第一要素。

孔子关心民生疾苦，希望统治者以仁义之心待民。他多次强调统治者要"正"，他说"其身正，不令而行；其身不正，虽令不从"。他还强烈抨击"苛政猛于虎"的统治。这在当时黑暗残酷的社会中无疑是有巨大意义的。

后来孟子继承了孔子"仁"的思想，发展为"仁政"学说，提出"民本"（以民为本）思想，主张"民为贵，社稷次之，君为轻"，主张统治者要"乐民之乐"、"忧民之忧"。孔孟"仁"的思想，无疑是领先于世界的政治思想。

孔子思想是丰富、博大的，除了"仁"之外，还有义、礼、信等。

"义"，是指正义、道义、正直、气节。《论语》中共24次提到"义"字。例如："见利思义，见危授命"、"君子喻于义，小人喻于利"、"不义而富且贵，于我如浮云"、"见义不为，无勇也"……中华传统美德也常简化成"仁义道德"，为人处事，往往以是否"仁至义尽"为标准。中华五千年历史上出现了那么多见义勇为者、大义凛然者、义薄云天者、舍生取义者，不能不说是孔子的影响。

"礼"是指礼仪、礼貌、礼节。《论语》中共74次提到"礼"字，可见孔子对"礼"之重视。孔子要求君子"博学于文，约之以礼"，认为学者应当"兴于诗，立于礼，成于乐"。有一次孔子立在自家院中，他的儿子孔鲤"趋而过庭"，他问："学礼乎？"对曰："未也。"他告诫："不学礼，无以立。"于是鲤退而学礼。孔子要求弟子"生，事之以礼；死，葬之以礼，祭之以礼"，要求他们"非礼勿视、非礼勿听、非礼勿言、非礼勿动"。对统治者，孔子也要求他们以"礼"治国，主张从政要"道之以德，齐之以礼"，"君使臣以礼，臣事君以忠"。他认为，"上好礼，则民莫敢不敬"。受孔子影响，中国人自古以来就把"礼"放在重要的位置上，历来以"礼仪之邦"著称于世。

"信"，是指诚实守信的品行。《论语》中共38次提到"信"。孔子把"敬事而信"、"言必信，行必果"作为弟子言行的基本要求，认为"人而无信，不知其可也"，好像"大车无輗（ní，车辕前端与车衡相衔接的部分），小车无軏（yuè，车上辕前端与车横木衔接处的销钉），其何以行之哉？"孔子办学，教学内容有四项：文、行、忠、信。他要求弟子"入则孝，出则弟，谨而信，泛爱众，而亲仁。行有余力，则以学文"。他把"信"放在"学文"前面，可见对"信"的重视。在孔子的影响下，曾子提出"吾日三省吾身"的主张："为人谋而不忠乎？与朋友交而不信乎？传不习乎？"其中之一就是"信"。在孔子的影响下，中华民族历来提倡与崇拜"信"，曾子杀猪、立木为信、一诺千金、烽火戏诸侯等正面、反面的故事，说明在人们心目中"信"的位置。而一旦"信"字缺失，就会造成诚信危机和社会危机。

孔子还有许多有价值的思想，如和谐、慎独、知耻、学而不厌、诲人不倦、敬业、崇德、修身养性、恻隐之心、自强不息等，都是宝贵的精神遗产。同学们不妨把本书的100句再读一读，看看哪些思想至今还在闪光。

孔子说话有什么特点？

孔子是一个才华横溢的人，除了前文说过的他有多种才能，他说话也是才华横溢的，他说出来的话往往闪烁着思想和智慧的光芒。

首先孔子常用比喻。这一点可参见前文《孔子善用比喻》，这里不再赘述。

其次，孔子说话常常一串一串的——有大量的排比句。先不说别的，开篇第一句就是：

子曰："学而时习之，不亦说乎？有朋自远方来，不亦乐乎？人不知而不愠，不亦君子乎？"（《学而》）

接着再看：

● 子曰："吾十有五而志于学，三十而立，四十而不惑，五十而知天命，六十而耳顺，七十而从心所欲，不逾矩。"（《为政》）

● 子曰："志于道，据于德，依于仁，游于艺。"（《述而》）

● 子曰："兴于诗，立于礼，成于乐。"（《泰伯》）

● 子曰："非礼勿视，非礼勿听，非礼勿言，非礼勿动。"（《颜渊》）

● 孔子曰："君子有三戒：少之时，血气未定，戒之在色；及其壮也，血气方刚，戒之在斗；及其老也，血气既衰，戒之在得。"（《季氏》）

运用排比，会使语气强烈，语势酣畅，富有文采，如长江大河汩汩滔滔。这种方法用于叙事，内容丰富，有感染力；用于说理，说理雄辩，道理透辟；用于抒情，则感情充沛，感人至深。

再次，孔子常常运用对偶，说话成双成对。请看下列例句：

● 子曰："学而不思则罔，思而不学则殆。"（《为政》）

● 子曰："君子喻于义，小人喻于利。"（《里仁》）

● 子曰："君子坦荡荡，小人长戚戚。"（《述而》）

● 子曰："其身正，不令而行；其身不正，虽令不从。"（《子路》）

● 子曰："志士仁人，无求生以害仁，有杀身以成仁。"（《卫灵公》）

对偶的好处是可使句式整齐，音韵和谐，读起来朗朗上口，听起来铿锵悦耳，有节奏感，有音乐美，还便于记忆与传诵，为人们喜闻乐见。

孔子还经常运用对比、顶真、设问、反问、反复、叠音等修辞手法来加强表达效果。我们就不举例子了，同学们可以在读《论语》时仔细体会。

孔子说过："言之无文，行而不远。"（《左传·襄公二十五年》）正因为他的话富有哲理和文采，甚至字字珠玑，因此得以千古流传。

孔子对中国的教育有什么影响？

一是首创私人办学风气，并提出"有教无类"的思想，使平民子弟有了受教育的机会。在孔子之前，"学在官府"，受教育的都是贵族子弟。孔子办学，各阶级、阶层的学生都收，用孔子自己的话说就是"自行束脩以上，吾未尝无诲焉"。这是对中国教育的一大贡献。

二是创立了许多教与学的方法、原则，至今仍在使用。例如"因材施教"、"学而不厌，诲人不倦"、"学思结合"（学而不思则罔，思而不学则殆）、"温故而知新"、"循循善诱"，还有重视道德教育等。

三是树立了一批学习楷模。例如颜渊，孔子赞扬他"贤哉，回也！一箪食，一瓢饮，在陋巷，人不堪其忧，回也不改其乐。贤哉，回也！"（《雍也》）两千多年来，颜渊成为人们仿效的榜样。这榜样还有"孔门十哲"等。此外，孔子"韦编三绝"、"学而不厌，诲人不倦"的精神，也是千百年来人民心中的丰碑。

可以说，孔子是中国所有读书人共同的祖师。

孔子晚年生活凄苦吗？

孔子晚年主要从事整理古籍的工作，此时儿子先他而死，几个得意弟子如颜渊、子路也先他而去，孔子心情是凄苦的。但孔子教学有方，教学有成，与弟子感情非常好。有些弟子如子贡不但官做得大，还经商赚了不少钱，又很尊敬乃至崇拜老师，不断资助老师，使晚年孤苦的孔子不致痛苦凄凉。

孔子思想中有什么糟粕吗？

任何人的思想受时代的局限都会有糟粕。孔子思想中的糟粕有以下几个方面。

推崇君权、父权，提倡"君君、臣臣、父父、子子"。（君要像君，臣要像臣，父亲像父亲，儿子要像儿子。）按照现代观念，人生而平等，而"君君、臣臣、父父、子子"的思想导致国人只知专制，不识民主。

迷信古人。孔子说自己"信而好古"（《论语·述而》）。确实如此，《论语》中有许多推崇古代贤君、贤臣和古代制度的内容，他提倡的"礼"，其实也是古代的制度、礼仪。这导致中国的许多读书人迷信古人，常常慨叹人心不古。其实古人之心未必如今。

歧视女性。孔子视女子为小人，他说："唯女子与小人为难养也。"他认为女子的事务是照顾家庭，而不是参与社会事务。他的弟子中没有女弟子。

没有创新意识。《论语》没有提倡创造、创新的论述，结果中国历代知识分子只能陈陈相因古人思想，做学问也是多训诂、考据、索隐之学。春秋战国之后，中国很少有思想大家产生。

提倡事不关己，高高挂起，提倡"不在其位，不谋其政"（《论语·泰伯》），如此社会责任感从何谈起？

看不起体力劳动者。《论语·子路》记载，樊迟请学稼。子曰："吾不如老农。"请学为圃。曰："吾不如老圃。"樊迟出。子曰："小人哉，樊须也！"接着说了一套"焉用稼"（哪里用得着自己去种庄稼呢）的道理。

孔子思想中的这些糟粕都属于时代的局限，我们不能用现代思想要求孔子，那好比质问孔子：你周游列国为什么坐马车而不坐汽车、火车、飞机？你教学为什么不用多媒体电脑？

三、关于孔子的弟子

孔子一生教过多少弟子？

传说孔子弟子三千，贤者七十。又有说贤者七十二。研究孔子弟子的最可靠的古籍资料是《史记·仲尼弟子列传》，这是司马迁整理出的孔子弟子的多人合传。该文记载，孔子认为弟子"受业身通者七十有七人"。接着就叙述77人名姓、事迹，特别是受业于孔子的情况。只是有记述较详者，有记述简略者，也有只有姓名而没有事迹者。记述最详的是子贡，洋洋数千言。

附：《史记·仲尼弟子列传》77弟子名字

姓名	字	姓名	字
1 颜回	子渊	6 仲由	子路
2 闵损	子骞	7 宰予	子我
3 冉耕	伯牛	8 端木赐	子贡
4 冉雍	仲弓	9 言偃	子游
5 冉求	子有	10 卜商	子夏

11	颛孙师	子张		41	漆雕徒父	子文
12	曾参	子舆		42	壤驷赤	子徒
13	澹台灭明	子羽		43	商泽	子秀
14	宓不齐	子贱		44	石作蜀	子明
15	原宪	子思		45	任不齐	子选
16	公冶长	子长		46	公良孺	子正
17	南宫括	子容		47	后处	子里
18	公皙哀	季次		48	秦冉	开
19	曾点	皙		49	公夏首	乘
20	颜无繇	路		50	奚容箴	子皙
21	商瞿	子木		51	公肩定	子中
22	高柴	子羔		52	颜祖	襄
23	漆雕开	子开		53	鄡单	子家
24	公伯缭	子周		54	句井疆	子疆
25	司马耕	子牛		55	罕父黑	子索
26	樊须	子迟		56	秦商	子丕
27	有若	子有		57	申党	周
28	公西赤	子华		58	颜之仆	叔
29	巫马施	子期		59	荣旗	子祈
30	梁鳣	叔鱼		60	县成	子祺
31	颜幸	子柳		61	左人郢	行
32	冉孺	子鲁		62	燕伋	思
33	曹恤	子循		63	郑邦	子徒
34	伯虔	子析		64	秦非	子之
35	公孙龙	子石		65	施之常	子恒
36	冉季	子产		66	颜哙	子声
37	公祖句兹	子之		67	步叔乘	子车
38	秦祖	子南		68	原亢籍	籍
39	漆雕哆	子敛		69	乐欬	子声
40	颜高	子骄		70	廉絜	子庸

71 叔仲会	子期	75 孔忠	子蔑
72 颜何	冉	76 公西舆如	子上
73 狄黑	皙	77 公西蒇	子尚
74 邦巽	子敛		

《论语》提到哪位弟子最多？

《论语》提到最多的弟子是子路。子路名仲由，字子路，又字季路，比孔子小9岁。子路为人伉直鲁莽，好勇力，事亲至孝。他除了学习六艺之外，还为孔子赶车，做侍卫，跟随孔子周游列国。他敢于对孔子提出批评，也勇于改正错误，深得孔子器重。子路以擅长"政事"著称，孔子不止一次地予以称道，比如称赞子路："千乘之国，可使治其赋也。"（一千辆战车的国家，可以当总后勤部长。）子路在《论语》中的32章都出现过，共计48次。

其次是子贡。子贡，姓端木，名赐，比孔子小31岁。他口才很好，雄辩滔滔，又能料事。《论语》中的弟子与孔子的问答之言，属他最多。《论语》中有37章出现"子贡"，共计44次。孔子器重子贡仅次于颜回。（参见后文）

再次是子夏，《论语》提到23次。子夏名卜商，字子夏。他性格勇武，"好与贤己者处"。他以"文学"著称，曾为莒（jǔ）父宰。他提出过"仕而优则学，学而优则仕"的思想，还主张做官要先取信于民。战国思想家李悝（kuī）、军事家吴起都是他的弟子，魏文侯曾尊他为师。相传《诗经》《春秋》等典籍，均是由他传授下来。

提到较多的还有子张。子张，是颛（zhuān）孙师的字。他出身微贱，且犯过罪行，经孔子教育成为"显士"。他未尝从政，以教授终。孔子死后，他独立招收弟子，宣扬儒家学说，是"子张之儒"的创始人。子张之儒列儒家八派之首。

提到较多而又评价很高的还有曾参，但《论语》对曾参不称名或字，而称"子"，《论语》中只有有若、闵损和他享有这种待遇。

孔子的弟子中谁最优秀？

孔子认为自己最优秀的弟子是颜渊，即颜回（姓颜名回，字子渊，亦称颜渊），比孔子小32岁。

孔子曾赞扬他："贤哉，回也！一箪食，一瓢饮，在陋巷，人不堪其忧，回也不改其乐。贤哉，回也！"有一次鲁哀公问孔子："弟子孰为好学？"孔子回答："有颜回者好学，不迁怒，不贰过。"

颜回先于孔子去世，孔子对他的早逝极为悲痛，不禁哀叹："噫！天丧予！天丧予！"（"老天爷要我的命啊，老天爷要我的命啊！"）

子贡也认为颜渊最优秀。有一次孔子问子贡："你与颜回谁更优秀？"子贡回答："赐（子贡的名）也何敢望回？回也闻一以知十，赐也闻一以知二。"孔子随着说："弗如也；吾与女弗如也。"

孔子的弟子中哪位成就最高？

是子贡，即端木赐（复姓端木，名赐，字子贡）。子贡口才很好，《论语》中弟子与孔子的问答之言，属他最多，孔子器重他仅次于颜回。子贡官做得最大，曾担任鲁国和卫国宰相。他善于外交活动，曾出使齐、吴、越、晋诸国。他游说吴国攻齐，从而保全了鲁国。子贡与子路一文一武，犹如孔子的左右手。子贡还很善于经商，家境非常富有，是孔子弟子中最富有的，也是春秋时期著名的富商。"端木遗风"指子贡遗留下来的诚信经商的风气，后世还有人奉之为财神。孔子死后，子贡守墓六年，可见其深厚的师生情谊。

孔子的弟子中谁最有学问？

孔子认为"文学"科最突出的是子游和子夏。这里所说的"文学"不同于今天的文学艺术，而是指掌握《诗》《书》《礼》《易》等文献的学识修养。

子游姓言，名偃，字子游，亦称"言游"。吴地常熟人。22岁时离乡北上，拜孔子为师。他谦虚好学，擅长文学，曾任鲁国武城宰，用礼乐教化民众，境内到处有弦歌之声，深得孔子赞赏。后学成南归，从游弟子无数，被誉为传播东南文化第一人。言偃对吴地文化的繁荣做出了很大贡献。

特级教师 教你读 论语百句

子夏名卜商，字子夏，小孔子44岁，是孔子晚年的得意门生，人们认为他在孔门弟子中最全面地掌握了孔子的学说。孔子去世后，他赴晋国西河（今陕西渭南）创办了一所学堂并在那里教书，开创"西河学派"，培育出大批经国治世的良材，西河地方之人将子夏当作孔子来看待。《论语》一书许多出于他和门人之手编撰。他还曾序《诗》，据传，《易》《礼》《春秋》等许多儒学经典都是由子夏传承而来。《后汉书》引徐防的话说："臣闻诗书礼乐，定自孔子；发明章句，始于子夏。"有人认为子夏是孔门传经之儒第一人。

孔子的弟子中谁最孝？

应该是闵子骞（姓闵名损，字子骞），比孔子小15岁。闵损以德行著称，孔子特别称赞他的孝行，说："孝哉，闵子骞！"汉代刘向《说苑》中记载，闵子骞十岁丧母，父亲娶了后母，后母又生了两个弟弟。冬天做冬衣，后母给亲生儿子做的冬衣里絮丝绵，给闵子骞的冬衣里絮不保暖的芦花。有一个冬天，父亲外出，让闵子骞驾车，途中闵子骞因手被冻僵，掉落了驾马的缰绳，父亲认为儿子粗心，就拿鞭子抽他。谁知抽破了衣服，才发现里面絮的是芦花。回家再摸摸另外两个孩子的衣服却是暖和的丝绵。父亲明白了是后母虐待闵子骞，一气之下，要赶走后母。这时闵子骞跪下来哀求父亲说："母在一子单，母去三子寒。"这句话感动了父亲，留下了后母，也使后母反省改过而变成了慈母。

闵子骞的孝行保全了一个濒临破碎的家庭，后被列为孔门十哲之一。元朝编撰的《二十四孝图》，闵子骞排在第三位。

孔子的弟子中谁口才最好

孔子认为口才最好的是宰予和子贡。子贡的介绍见前文，这里主要介绍宰予。宰予字子我，亦称宰我，小孔子29岁。曾跟随孔子周游列国，游历期间常受孔子派遣，使于齐国、楚国。宰予思想活跃，好学深思，善于提问，是孔门弟子中唯一敢正面对孔子学说提出异议的人。他指出孔子"三年之丧"的制度不可取，认为可改为"一年之丧"，被孔子批评为"不仁"。他还向孔子提出了一个两难的问题：如果告诉一个仁者，另一个仁者掉进井里了，他应该跳下去救还是不应该跳下去救？跳下去救必死，不跳下去则是见死不救。孔子认为宰予提的问题不好，说："何为其然也？君子可逝也，不可陷；可欺也，不可罔也。"（意思是为什么要这样做呢？君子可以到井边去救，却不可以陷入井中；君子可能被欺骗，但不可能被迷惑。）孔子认为宰予是在愚弄人。宰予白天睡觉，被孔子骂为"朽木不可雕也"、"粪土之墙不可圬也"。

孔子唯一的南方弟子是谁？

是言偃。言偃字子游，吴地常熟人，22岁时离乡北上，拜孔子为师，为其唯一的南方弟子。言偃谦虚好学，擅长文学，曾任鲁国武城宰，他遵照师训，以礼乐教化百姓。孔子来到武城，听到了处处有弦歌之声，于是微笑着对迎接他的言偃说："割鸡焉用牛刀？"意为治理这个地方还用得着小题大做，以礼乐来教化吗？言偃恭敬地回答说：以前老师曾教导我，做官的学习了就会有仁爱之心，老百姓学习了就容易听指挥（原文：君子学道则爱人，小人学道则易使也。《论语·阳货》），教育总是有用的啊！子游的回答使老师十分满意。孔子对随同他一起来的学生说，言偃的话是正确的，我刚才那话不过是与他开个玩笑罢了。这说明子游对孔子的思想，不仅能深刻理解，而且做到了身体力行。

后来子游学成南归，传播孔子文化，弟子无数，对吴地文化的繁荣做出了很大贡献。孔子曾云："吾门有偃，吾道其南。"意即我门下有了言偃，我的学说才得以在南方传播。故言偃被誉为"南方夫子"。

今江苏常熟虞山镇言子巷有言子故宅，虞山东麓有言子墓，学前街有言子祠。

"南方夫子"言子墓道（江苏常熟）

言子墓（江苏常熟）

"孔门十哲"是哪十个人？

"孔门十哲"指的是孔子门下最优秀的十位弟子：子渊、子骞、伯牛、仲弓、子有、子贡、子路、子我、子游、子夏。

"孔门十哲"的称呼源于《论语·先进》孔子对弟子的评鉴："德行：颜渊、闵子骞、冉伯牛、仲弓。言语：宰我、子贡。政事：冉有、季路。文学：子游、子夏。"

孔子有女弟子吗？

有女同学提问：孔子弟子三千，其中有女弟子吗？

从《论语》的记载来看，没有。这是一个很大的遗憾，但这个问题不应该怪罪孔子，起码不能由孔子负完全责任，也不能用今天的标准要求孔子。没有女弟子，与那个时代女子地位低、受歧视有关。当时读书上学的都是男子，不仅没有女弟子上学读书，而且女子做官、从政、参与社会生活的记载也基本没有，或少之又少。不仅孔子没有女弟子，其他学派的大师们也不见有女弟子的记载。

孔子把女儿嫁给了哪个弟子？

嫁给了公冶长。公冶长，姓公冶名长，字子长，齐国人，是孔子的弟子。这在《论语》中有记载，见《公冶长第五》：

子谓公冶长："可妻也。虽在缧绁（牢狱）之中，非其罪也。"以其子（女儿，古时儿、女均称子）妻之。

译文 孔子评论公冶长："可以把女儿嫁给他，他虽然有过牢狱之灾，但这并不是他的罪过呀。"于是，孔子真的就把自己的女儿嫁给了他。

在这一章里，孔子对公冶长作了较高评价，但并未说明公冶长究竟做了哪些突出的事情，不过从所谈的内容看，作为公冶长的老师，孔子对他有全面了解。把女儿嫁给他，那么公冶长至少应具备仁德，这是孔子一再向他的学生提出的要求。

《论语》记载，孔子还把自己的侄女嫁给了另一个学生南宫适（kuò），亦见《公冶长》篇：

原文

子谓南容（姓南宫名适，字子容，通称为南容）："邦有道（政治清明），不废（废置自己）；邦无道，免于刑戮（刑罚）。"以其兄之子妻之。

译文 孔子评论南容说："国家有道时，他有官做；国家无道时，他也可以免去刑戮。"于是把自己的侄女嫁给了他。

本章孔子对南容也作了比较高的评价，同样也没有讲明南容究竟有哪些突出的表现。但他能够把自己的侄女嫁给南容，也表明南容有较好的仁德。

父子同师孔子的有谁？

首先是曾点及其子曾参，不但父子两代同师孔子，而且同被列为七十二贤人。

曾点，字皙，比孔子小6岁，是孔子30多岁时第一批收的弟子。《侍坐》章记载，他和子路、冉有、公西华侍坐孔子，孔子问他们个人志趣，曾点"铿"然一声，停止鼓瑟，说暮春时节，换上春装，和五六位志同道合的成年人，再带上六七个少年，去沂河里洗洗澡，在舞雩台上吹吹风，然后唱歌回来。孔子听后大加赞赏，喟然叹曰：你和我想的一样！（原文：莫春者，春服既成，冠者五六人，童子六七人，浴乎沂，风乎舞雩（yú），咏而归。夫子喟然叹曰：吾与点也！）

他的儿子曾参更加优秀。曾参16岁拜孔子为师，勤奋好学，颇得孔子真传。他办学积极推行儒家主张，传播儒家思想，是儒家思想的正宗传人。他编《论语》，著《大学》，写《孝经》，著《曾子十篇》，被后世尊奉为"宗圣"，是配享孔庙的四配之一，在儒学发展史乃至中华文化史上均占有重要的地位。

父子两代同师孔子的还有颜回和其父颜路。颜回13岁拜孔子为师，小孔子30岁，孔子最钟爱他，对他的称赞最多。

兄弟同师孔子的有谁？

冉耕、冉雍、冉求兄弟三人同为孔子弟子，而且皆在孔门十哲之列，世称"一门三贤"。

这三兄弟的父亲名叫冉离，世居"菏泽之阳"，人称"犁牛氏"。《冉氏族谱》称冉离初娶颜氏，生长子冉耕，次子冉雍。颜氏早死，又娶公西氏，生冉求。公西氏闻孔子设教阙里，"命三子往从学焉"。

《论语》中关于冉耕的记载不多，只有"伯牛有恶疾，孔子往问之，自牖（yǒu，窗户）执其手，曰：'命也夫！斯人也而有斯疾，命也夫！'"（冉耕患怪病，孔子前往探视，从窗户伸进手握住冉耕的手，连连叹道："这是命啊！这种人怎么得这种病呢！"）据后人考证，冉耕所患之病为麻风，麻风极易传染，因此孔子也只是隔着窗户探望。

冉雍字仲弓，品学兼优，为人度量宽宏，在孔门弟子中以德行著称。孔子对他有"雍也可使南面"之誉——这是孔子对其他弟子从来没有的评价。冉雍曾做过季氏私邑的长官，他为政"居敬行简"，主张"以德化民"。但是季氏"谏不能尽行，言不能尽听，遂辞去，复从孔子"。孔子去世后，恐失圣道之传，他与闵子诸贤，共著《论语》120篇，又独著6篇，谓之《敬简集》。自经秦火，书已不存。

冉求字子有，通称冉有，多才多艺，尤擅长理财，以政事见称，前面已有介绍，此不赘言。他在做季氏宰时，说服季康子迎回了在外流亡14年的孔子。孔子晚年归鲁国之后，受到子有很多照顾。

孔子去世之后，哪些弟子传授孔子学说？

孔子去世之后，有不少学生自己办学，传授孔子之学。而且这些弟子传授孔学各有特色。《韩非子·显学》认为孔子去世后，儒分为八："自孔子之死也，有子张之儒，有子思之儒，有颜氏之儒，有孟氏之儒，有漆雕氏之儒，有仲良氏之儒，有孙氏之儒，有乐正氏之儒。"而《荀子·非十二子》还提到子弓之儒、子张之儒、子夏之儒、子游之儒。

传播孔子之学的弟子，谁贡献最大？

贡献最大的应该是曾参。曾参16岁拜孔子为师，他勤奋好学，颇得孔子真传。他积极推行儒家主张，传播儒家思想。孔子的孙子孔伋（jí，字子思）就师从曾参，然后又传授给孟子。因此曾子上承孔子之道，下启思孟学派，在儒家文化中具有承上启下的重要地位。他对孔子的思想既有继承，又有发展和建树。例如他提出"慎终（慎重地办理父母的丧事）、追远（虔诚地追念祖先）、民德归厚（要注重人民的道德修养）"的主张，又提出"吾日三省吾身"的修养方法。他著有《大学》《孝经》，都成为儒家经典，其中《大学》后来成为"四书"之一。曾子与孔子、颜子（颜回）、子思、孟子比肩，共称"五大圣人"，后世儒家尊他为"宗圣"。

其次是子夏。子夏前文已作介绍，这里再略作补充：据说子夏活了一百多岁，在传播儒家学说上，独立形成子夏氏一派，成为孔门弟子中有深远影响的重要人物。他一生中博学笃志，传授五经，后世治五经的学者，大都认为他们的学说托之于卜商的传授；他不但学识渊博，而且在整理和传播古代文献方面也做出了杰出的贡献。

孔子去世后，弟子怎样为老师守墓？

鲁哀公十六年二月十一日（前479年4月11日），孔子患病去世，终年七十三岁，葬于曲阜城北泗水岸边（即今之孔林）。不少弟子为老师守墓三年，而子贡竟守了六年，以致守墓者形成一个上百家的村子，得名孔里。再后来，孔子的故居改为庙堂，受到人们世代奉祀。

现在孔子墓的旁边，还保存着子贡为孔子守墓的墓庐。

子贡为孔子守墓的墓庐（在孔子墓的旁边）

四、对孔子的评价

历代帝王对孔子有哪些封号？

孔子有多种封号，择要如下：

汉平帝元始元年（公元1年）封为"褒成宣尼公"。

唐太宗贞观二年（628年）尊为"先圣"。

唐高宗乾封元年（666年）尊为"太师"。

唐玄宗开元二十七年（739年）封为"文宣王"。

宋真宗大中祥符元年（1008年）封为"玄圣文宣王"，五年（1012年）改称"至圣文宣王"。

西夏仁宗人庆三年（1146年）封"文宣帝"，并颁布诏令："尊孔子为文宣帝，令州郡悉立庙祀，殿庭宏敞，并如帝制"——给孔子以皇帝的名分，建立与皇帝相同规格的庙。这是历朝封号中级别最高的。

元成宗大德十一年（1307年）封"大成至圣文宣王"。

明世宗嘉靖九年（1530年）封"至圣先师"。

清顺治二年（1645年）封"大成至圣文宣先师"。

"半部《论语》治天下"是怎么回事?

"半部《论语》治天下"的故事说明了《论语》的重要作用。

这个典故最早出自南宋一个叫林駉的人所撰《古今源流至论》,据前集卷八《儒吏》所记:"赵普,一代勋臣也,东征西讨,无不如意,求其所学,自《论语》之外无余业。"意思是赵普为宋太祖赵匡胤出谋划策,发动兵变,拥立太祖,被任命为宰相,功勋卓著,但平生所学的书籍,除了《论语》之外,就没有别的了。这段话下面,有个小注:"赵普曰:《论语》二十篇,吾以一半佐太祖定天下。"

与林駉生活在同一时代的罗大经在其所撰的《鹤林玉露》中有这样的记载:"赵普再相,人言普山东人,所读者止《论语》……太宗尝以此语问普,普略不隐,对曰:'臣平生所知,诚不出此。昔以其半辅太祖定天下,今欲以其半辅陛下致太平。'"

大意是,宋太祖死后,赵光义当皇帝,赵普仍然做宰相,别人认为赵普一生只读《论语》,不学无术,不适合当宰相。赵光义问赵普是不是这样,赵普说确实如此,过去他以半部《论语》辅佐太祖治天下,现在想用另外半部辅佐陛下创建太平盛世。

《巴黎宣言》怎样评价孔子?

1998年,70多位诺贝尔奖得主发表《巴黎宣言》:

"人类要想在21世纪生存下去,必须回首25个世纪,去汲取孔子的智慧。"那么,诺贝尔奖获得者发表过"汲取孔子的智慧"的"巴黎宣言"吗?

流传中因这句话没有确切的出处,或没有"原始的文本",所以曾招致一些学者的怀疑和否定。

近年,一位叫胡祖尧的传统文化爱好者查证了这句话的出处,结果是确有此事。稍有出入的是这句话并非会议"宣言",而是"参会者经过四天的讨论所得出的结论之一"。

据查,这句话出自1988年1月24日澳大利亚《堪培拉时报》发自巴黎的一篇报道,题目即为《诺贝尔奖获得者说要汲取孔子的智慧》。这篇报道的第一句话是:"诺贝尔奖获得者建议,人类要生存下去,就必须回到25个世纪以前，去汲取孔子的智慧。"文章还指出，"这是上周在巴黎召开的主题为'面向21世纪'的第一届诺贝尔奖获得者国际大会上，参会者经过四天的讨论所得出的结论之一"。

历史上有人反对孔子吗？

有。历史上主要有下面一些人反对孔子。

一是春秋战国百家争鸣时期，墨家、道家，特别是法家反对孔子。但这时的反儒多属于"学术之争"。

二是秦始皇曾焚书坑儒。秦朝统治者建立专制制度，这有利于他们统治人民，集中力量统一全国。而韩非、商鞅等人的法家思想提倡帝王专制，主张用"法"来控制人民，正适应了秦朝统治者的需要，所以统治者选择了法家思想。相反，儒家却主张"法先王"，主张恢复周礼，当然被秦始皇排斥，于是有"焚书坑儒"之事。但他焚书，并非专门焚儒家之书，而是焚百家之书；他坑儒，坑的也并非真正的儒生，而是方士、术士之类。

三是汉高祖刘邦"溺儒冠"。刘邦起初非常讨厌儒生，如果来客是儒生，就把儒生的帽子一把抓过来，向里面撒尿，以示侮辱，并大骂他们。《史记·郦生陆贾列传》记载："沛公不好儒，诸客冠儒冠来者，沛公辄解其冠，溲溺其中。"因此"溺儒冠"成为刘邦轻视儒生之典。但是刘邦当皇帝之后，受谋士陆贾影响，认识到儒学的巨大作用，于是公元前195年，他在鲁地以太牢祭祀孔子，成为历史上第一个祭孔子的皇帝。

四是五四"新文化运动"中"打倒孔家店"。五四时期，"德先生""赛先生"，即"民主"和"科学"的思想传入中国，当时的热血青年高举"民主"和"科学"两大旗帜，向封建礼教以及封建专制思想猛烈开火。在他们看来，孔孟学说、儒家思想长期被封建统治阶级利用，已成为封建统治者的精神支柱，成为传播新思想、新文化，进行资产阶级思想启蒙的障碍，所以提出了"打倒孔家店"的口号。但这时的反孔，难免有简单和矫枉过正的问题。

五、孔子的遗迹

1. 孔子留下了哪些遗迹？

在曲阜，孔子的遗迹有孔庙、孔府和孔林。

孔庙

曲阜孔庙，是祭祀孔子的祠庙。始建于鲁哀公十七年（前478年），也就是孔子逝世的第二年，在孔子旧宅的基础上改建的。后来历代都曾增修扩建，现存的建筑群绝大部分是明、清两代完成的。

这是一组具有东方建筑特色、规模宏大、气势雄伟的古代建筑群，是全国最大的孔庙。占地327亩，前后九进院落。庙内有殿堂、坛阁和门坊等464间。四周围以红墙，四角配以角楼，仿北京故宫样式修建。

孔庙主体建筑是大成殿，重檐九脊，黄瓦飞甍（méng，房屋、屋脊），周绕回廊，和故宫太和殿、岱庙天贶（kuàng）殿并称东方三大殿。

1961年被国务院列为全国重点文物保护单位。1994年被联合国教科文组织列为"世界文化遗产"，也是国家5A级景区，与北京故宫、承德避暑山庄并列为中国三大古建筑群。

孔庙"至圣庙"牌坊

孔庙棂星门
（棂星为天上文星，以此命名意味着孔子为
天上星宿下凡）

孔庙大成殿

孔庙前一年一度的祭孔大典

鲁壁

秦始皇焚书时，孔子九代孙孔鲋将《论语》《尚书》等儒家经书藏于孔子故宅墙壁中。明代为纪念孔鲋藏书而树立鲁壁碑。

孔府

孔府，又称衍圣公府，是孔子嫡系长子长孙世代居住的府第，是中国现存历史最久，规模最大，保存最完整的衙宅合一的古建筑群，有"天下第一家"之称。

孔子去世以后至宋代以前，长子长孙居于阙里故宅，看管孔子遗物，奉祀孔子，称"袭封宅"。历代帝王在尊崇孔子推行儒家文化的同时，对其子孙一再加官封爵，赐地建府。宋宝元年间，首封孔子四十六代孙孔宗愿为"衍圣公"，兼曲阜县令，并新建府第，改称衍圣公府。

现在的孔府始建于1377年，占地240亩，共有厅、堂、楼、房463间。

九进庭院，三路布局：东路，即东学，建一贯堂、慕恩堂、孔氏家庙及作坊等；西路即西学，有红萼轩、忠恕堂、安怀堂及花厅等；孔府的主体部分在中路，前为官衙，有三堂六厅，后为内宅，有前上房、前后堂楼、配楼、后六间等，最后为花园。

孔府是我国重点文物保护单位，1994年12月被列为世界文化遗产。

孔府大门

孔府内景

特级教师 教你读 论语百句

孔林和孔子墓

孔林又称至圣林，在曲阜城北门外一公里处，占地3000亩，周围砖砌林墙长达14华里，是孔子和他的后代子孙的家族墓地。其时间之久，规模之大，保存之完好，举世罕见。

孔林内古柏夹道，进入孔林要经过1200米的墓道，穿过石牌坊、石桥，就到达孔子墓前。孔子墓封土高6米，墓东是孔子之子孔鲤和孙子孔伋的墓。墓西南是子贡守墓的墓庐。

孔庙、孔府、孔林的建筑都经历代修建，已非孔子在世时的原貌。

孔林大门

至圣林二门

孔林万古长青牌坊

孔林（孔子墓园）

孔子墓

孔子墓及墓碑
碑文：大成至圣文宣王孔仲尼之墓